料理研究家・
台所改善コンサルタント

高木ゑみ

こころが整う台所

人生を変える台所しごとのルール

飛鳥新社

こころが整う台所

人生を変える台所しごとのルール

料理研究家・
台所改善コンサルタント
高木ゑみ

飛鳥新社

あなたが笑顔で台所に
立ち続けるために

　2020年10月31日、私はステージIVの肺がんを告知されました。
　まさに新型コロナウイルスが世界各地で猛威を振るい、大騒ぎになっている最中。私の頭はパニックになりました。

　病気になって気がついたこと、それは日常の当たり前のことが、いかに幸せであったかということ。
　歩く。料理を作る。買い物をする。食べる。飲む。
　そんな当たり前のことができなくなる日がくるとは思いませんでした。落ちたものが拾えない、ごはんの匂いを嗅ぐだけで吐いてしまう、重いものが持てない……。まっすぐ歩けない日もありました。

　でも、世界は広いです。
　地球の裏側には、食事ができない、清潔な水さえも飲めず泥水を飲んでいる国々の人もいます。
　私たちが毎日悩んでいることは、とてもちっぽけな悩みかもしれません。

　料理が上手にできない、毎日台所に立つ時間がないというのは、多くの人が持っている悩みです。
　でも、料理を楽しくするのも、やる気になるのも、時間を作るのも、実は自分次第。台所はあなたを映す「鏡」でもあるのです。

その台所を心地よい空間にしていけば、かならずや、あなたのこころも整っていくことでしょう。

　本書では、私の経験を通じて見つけた、「台所しごとのライフハック」をコンパクトにまとめて紹介しています。本をパラパラめくりながら、気になるもの、取り掛かりやすいものから、ぜひ挑戦してみてください。

　そして、どうか自分を信じて、くりかえし実践してみてください。人生を好転させる「ハッピーサイクル」が回り出すはずです。

　本当の料理上手は「笑顔で台所に立ち続けることができる人」。

　いかに台所に笑顔で立つか、楽しむことができるか。

　台所しごとの正しいルールを伝え、自分の習慣にし、気がついたらすごく楽になっていて、自分の自由な時間が増えていますように……と願いを込めて、この本を病室で書いていきます※。

　あなたが毎日、笑顔で台所に立ち続けられますようにと、こころから願っています。

高木ゑみ

※本稿は、2021年3月28日に逝去された高木ゑみさんより、担当編集宛に2020年12月1日に送られてきた最後の手稿をそのまま掲載しています。

こころが整う台所
目次

PART1🥄
道具選びのコツ

PART2 🛍
献立作り＆買い物のコツ

PART3 下ごしらえのコツ

PART4 調理のコツ

PART5 🧂 味付けのコツ

PART6 📠
保存のコツ

PART7 片付け・収納のコツ

【特別寄稿】

超前向きに生きた35歳、最後の最後までスーパーポジティブだった彼女

辻 仁 成 ───────────148

PART
1

道具選びの
コツ

シンプルでよく使う道具だけが置いてある
台所での作業は、気持ちのいいものです。
かわいいから、流行っているからなどの理由で買ったものの、
ほとんど収納に置きっぱなし…そんな道具はありませんか?
いま一度、自分に本当に必要な道具は何か、点検してみましょう。

台所がスッキリすると
こころが整い、人生が好転し始める

　台所仕事の効率をアップさせるには、スッキリとした作業スペースと動きやすい動線の確保が必須。ほとんど使わないグッズや食材が場所を占めていないか見直し、もしそういうものがあれば、思い切って処分してしまいましょう。いごこちのよい台所なら、料理に対しても意欲的に取り組めます。

台所の正しい動線を見つけるには、
「エア調理」がおすすめ

　台所仕事の効率を上げるには、無駄な動きをなくすこと。そのためには収納を動線に合わせる必要がありますが、頭で考えただけではなかなかうまくいきません。そこでおすすめなのが、「エア調理」です。よく作る料理の工程を頭の中でイメージしながら、実際に台所で体を動かしてみましょう。どこに何があると便利なのかが見えてきます。

包丁は1本8000円〜1万円、
重みのある1本を大事に使う

　包丁は、大・中を各1本とペティナイフを1本持っておきましょう。選ぶ際には1本8000円〜1万円くらいの、重みのある包丁がおすすめ。安くて切れ味の悪い包丁を5本買うよりもしっかりしたものを長く使うほうが断然お得ですし、軽い包丁は力が入りすぎて危ないので避けたほうが無難。ペティナイフは果物だけでなく、にんにくやトマトなどの小さいものをカットするときやヘタを取ったり、くりぬいたりするときにも重宝します。

忙しいときの調理には包丁よりも台所用
ハサミ。
専用メーカーのしっかりしたものなら
切れ味がよくて長持ち

　葉物野菜や昆布・わかめを切ったり、ねぎを刻んだり、台所用ハサミはとても重宝します。肉やハムにも使えますし、包丁で切るとつぶれて粉がボロボロ出るようなパンも、ハサミならふっくらしたまま切れます。包丁だとチーズがついて具が落ちやすいピザもラクに切れ、まな板を汚すこともありません。ただし、切れが悪いとそうはいきません。できるだけ刃物メーカーのしっかりとしたものを使いましょう。

フライパンは直径26センチのフッ素樹脂加工。鍋は多層構造を2サイズ

　フライパンは大小2つあると便利です。直径26センチ、深さ10センチの大きいタイプは、調理の際に大きく振っても食材がこぼれないのでおすすめ。チャーハンやステーキ、炒め物、パスタなど、何を作るにもぴったりのサイズ感です。フッ素樹脂加工は焦げつきにくく汚れもかんたんに落ちます。鍋はゴシゴシ洗えるステンレス製で、熱効率のよい多層構造のものを、大きめと軽い雪平鍋の2サイズあると便利。フタはフライパンと共用で構いません。

ゴムへらは、柄とへらの部分が一体になっているタイプだと汚れが詰まらず衛生的

　ゴムへらは、耐熱のものが2本あるとよいでしょう。炒め物や煮込み料理で、焦げやすい鍋の底や脇、細部のすみずみまで混ぜるには、木よりゴム製が適しています。料理をよそうときなど、調理器具や食器の曲線に沿って隙間なくぬぐい取ることができるのも、ゴムへらのメリット。柄が先端のへら部分と一体になっているタイプなら、衛生的です。

片端がとがった横口タイプのお玉なら鍋の端まで行き届いて便利

　丸いお玉は、鍋や大皿料理を取り分けるときには便利ですが、調理の際は鍋の端まで行き届きにくく、扱いづらいことがあります。ソースをかけたり、すくってお椀に入れたりできる、片端がとがった横口タイプがおすすめ。大小2本あるとよいでしょう。

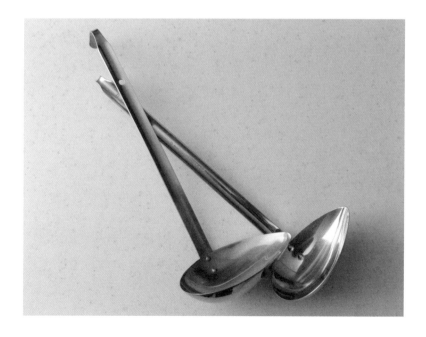

ボウルは厚手のガラス製かステンレス製を
大・中・小揃えておけば
安全・便利でしかも一生使える

　ボウルは質のよい厚手のものを大・中・小とセットで揃えます。おすすめはガラス製かステンレス製。私が愛用しているのは、フランスのメーカー「リュミナルク」のガラスボウルですが、コストコで8個セットが1400円でした。調味料を混ぜるような小さなものから、お菓子やサラダを作るような大きなものまで、サイズ違いの8個がきれいにスタッキングできる優れモノ。収納スペースはボウル1個分なので、本当に重宝します。

メイン食材は大きなまな板でカットし、
細かい食材はシート状まな板を
2枚用意して使い分ける

　まな板は、抗菌性の大きなものが1枚と、シート状の小さめのものが2枚あると便利。大きなまな板は、横幅が40センチぐらいあるものがよいでしょう。大きなまな板は洗うのが大変だからと、小さなものでちょこちょこ切る人がいますが、食材を切って端に寄せた際に収まりきらず、シンクなどに落ちることも。基本的には大きなサイズを使うようにして、にんにくのみじん切りや、肉や魚を切るときにシート状まな板を使うなど、目的によって使い分けましょう。

計量スプーンは大小一体型を用意しておけば、とっさのときにちょうどよいサイズが取り出せる

　計量スプーンは、引き出しの中でバラバラになってしまいやすいので、大小一体型のものがいいでしょう。おすすめは、「大さじ小さじ」という名の大小一体型の木製計量スプーン。これを砂糖、塩、粉などの各ストックケースにひとつずつ入れておくと調理がスムーズになります。

耐熱の計量カップならそのままレンジにかけたり湯煎できる

　計量カップは熱湯などを入れてもヒビが入ったりしない、耐熱のガラス製がおすすめ。安物のプラスチック製は使用範囲が限られ、ヒビや傷が雑菌を繁殖させる原因にもなります。

皮むき器は刃物メーカーのものがおすすめ。
スライサーは万能型が場所をとらず便利

　安物の皮むき器は、切れ味が悪いので要注意。500円前後くらいの刃物メーカーのものが、なめらかにむけておすすめです。料理の基本に直接かかわるものは、きちんとしたメーカーで揃えましょう。

　スライサーは、野菜をどんな形にもカットでき、時短にもってこいです。おすすめは、ひとつの製品に何種類もの刃がついていて場所をとらない万能型。千切りなら薄切り用のスライサーでカットしたあとに包丁で仕上げれば、ギザギザした刃で野菜を傷つけることもありません。

まとめて調理するならフードプロセッサー、
毎回少量を作るなら小型ミキサーが重宝

　フードプロセッサーは、「洗うのが面倒くさい」「出し入れが面倒」と避ける人も多いのですが、数食分をまとめて調理するなら、あると便利。大量の野菜のみじん切りや千切り、すりおろし、パンの生地づくりなどが、これ1台でできます。そこまでつくり置きをする必要がないという方は、小型のミキサーを。固形物を粉末にする機能のあるタイプを選べば、だしやふりかけを手作りするのにも重宝します。

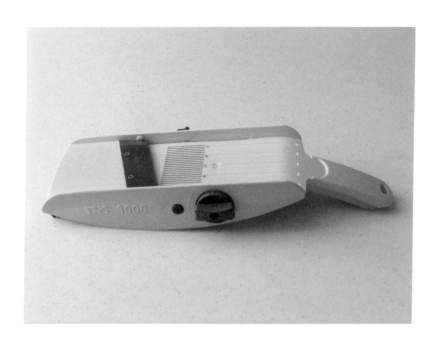

台所が整えば、こころまで整う

「台所にもっと笑顔を増やしたい」
「料理をする人が、困ったり悩んだりする時間を減らしたい」
「家庭の食卓に、潤いや彩りをもっと増やしたい」

　私はいつも、そう願いながら台所に立っていました。

　本当の料理上手とは、ただおいしいものや栄養バランスのとれた料理を作ることができる人のことではありません。また、冷蔵庫にある残りものを、さっとおいしい料理に仕上げる人のことでもありません。

　私が考える本当の料理上手とは、笑顔で台所に立ち続けられる人です。

　極論すれば、技術やセンスは二の次です。

　誰もがうらやむキラキラとコーディネートされたテーブルではなく、いつものスーパーで、それぞれの懐事情に合った食材を選び、いつもの使い慣れた食器で、いつも通りにいただく食事。

　高度なテクニックの料理本もいらなければ、高級食材もいりません。

　どんなときでも、「笑顔で台所に立ち続ける自分になる」ということが、「一緒に食べるみんなが笑顔で食卓を囲む」

ことにつながります。

　それだけ、台所は生活においてとても大切なスポットなのです。

　誤解をおそれずにいえば、台所しごとに対してネガティブな気持ちがある限り、その人は本当の意味で幸せになれないでしょう。逆に、自分の使いやすいように台所を整えていく人ほど、家族関係やしごと、もっといえば「自分が本当にやりたい事柄」だってうまくいきます。

　自分の人生をネガティブに捉えがちな人は、いま一度、自宅の台所を見直してみましょう。そもそもキッチンとは、家庭の中で最も汚れるところのはず。毎日使うものだからこそ、きちんと整理されていなければ、台所しごとがはかどらず、結果として気持ちもあがりません。

　反対に、台所がきちんと整理され、その人に合うようカスタマイズ（最適化）されていれば、そのスッキリ感から、他の物事に取り組む際にもよい影響を及ぼしていきます。

　たとえ少しずつでも、台所を使いやすく更新していく。そんな前向きな姿勢があれば、自然と笑顔になり、人生は好転していきます。私はそんな理想的な循環を「ハッピーサイクル」（Happy Cycle）と呼んでいます。

PART
2

献立作り&
買い物のコツ

「今日は何を作ろう？」「冷蔵庫に何があったっけ？」
——考えただけで気が重くなってしまいますよね。
献立と買い物に頭を悩ませる毎日の時間と労力は、かなりのもの。
でもこうした作業を正しくルール化してしまえば、
台所しごとは劇的にラクになるのです

複数の献立を考えるときは、味や香り、温度などに、濃淡や高低をつけることを意識して

　フランス料理の妙味は、味や香り、色、歯ごたえ、温度などの組み合わせを生かすことにあります。この考え方を、毎日の献立作りにも活かしてみましょう。まずメインの料理を決め、次にそれと相性のよい副菜を組み合わせます。たとえば主菜が温かいものなら、副菜は冷たいものが好相性。彩りが地味で味も淡泊な魚料理なら、対照的な彩り鮮やかな野菜にスパイスとオイルをきかせて、ヴォリューム感を出すのもよいでしょう。味付けの濃淡も、他の料理とのバランスで決めるのがベストです。

記入式の壁掛けカレンダーに毎日の主食を書き込んでおけば迷わずに済む

　献立を考える際に便利なのが記入式のカレンダー。昨日の夕食はうどん、朝食はお粥、じゃあ昼はパスタかな……などと食事作りのたびに考えるのではなく、カレンダーに記入しておけば献立作りをルーティン化できるようになります。シンプルで記入欄が広いカレンダーなら何でもOK。ちなみに私は「無印良品」の壁掛けカレンダーを使っていますが、記入しやすくおすすめです。

「献立客観シート」でマンネリ打破

「献立を考える」とは、「メイン」を何にするか決めるということ。それが一番難しいと思っている人も多いでしょう。そんな人におすすめなのが、「献立客観シート」です（下図参照）。横軸にはメインの食材（「牛肉」「豚肉」「鶏肉」「魚介類」「その他」）を書き入れ、縦軸には調理法（「生」「煮る」「炒める・焼く」「揚げる」「蒸す・茹でる」）を書き入れます。最後に空欄を「和・洋・中」の3つに区切ります。自分の献立の傾向がわかるようになるだけでなく、自分の献立を客観視することで、マンネリ化を防ぎ、食材も使い切れます。

【献立客観シート】

食材	牛肉	豚肉	鶏肉	魚介類	その他	
生						和
						洋
						中
煮る						和
						洋
						中
炒める・焼く						和
						洋
						中
揚げる						和
						洋
						中
蒸す・茹でる						和
						洋
						中

メインの食材、調理法を書き込んでいけば自分の傾向が客観的にわかります。
マンネリ気味だと思ったら空欄が多い食材／調理法を試してみましょう。

味付け早見表で調味料の組み合わせを覚えればレシピ本から卒業できる

いつも同じような定番の味付けを繰り返していませんか？そんな人におすすめなのが、「味付け早見表」です。調味料の組み合わせを覚えておけば、レシピ本で調べたり、調理中に濡れた手でネット検索したりすることから解放されます。

【レシピいらずの味付け早見表】

■炒めもの、焼きもの　肉や野菜の味付けに…

照り焼き	しょうゆ1・酒1・みりん1
しょうが焼き	しょうゆ3・みりん3・酒3・しょうがの絞り汁適量
きんぴら	唐辛子適量・砂糖1・しょうゆ2・みりん1・ごま油（仕上げ）0.3
中華風炒め	オイスターソース1・紹興酒1・しょうゆ1・砂糖0.3・おろしにんにく0.1
韓国風炒め	牛だし粉末1・酒1・ごま油2

■和風ダレ　野菜、揚げもの、和えものなどに…

マヨネーズ	卵黄1個・マスタード 黄身と同じ大きさ・白ワインビネガー小2・サラダ油1/2カップ・塩こしょう各適量
ぽん酢しょうゆ	しょうゆ10・酢10・柑橘搾り汁10・みりん1
ごまみそ	白みそ3・魔法の昆布だし（P.93）3・すりごま1・豆板醤0.5
わさびじょうゆオリーブオイル	オリーブオイル3・しょうゆ1・わさび1センチ
バターじょうゆ	溶かしバター3・しょうゆ1
みそマヨ	マヨネーズ8〜9・みそ1・砂糖ひとつまみ・七味唐辛子適量
ごまダレ	みりん1・しょうゆ1・練りごま1
おろしダレ	大根おろし2・酢2・しょうゆ1・みりん1

■洋風ダレ　生野菜、魚介のフライなどに…

洋風タルタル	マヨネーズ1カップ・茹で卵1個・玉ねぎ（みじん切り）1/4個・コルニッション（みじん切り）2本・パセリ2枝
ごまマヨネーズ	マヨネーズ4・練りごま1・はちみつ0.2
即席アイオリソース	マヨネーズ1/3カップ・牛乳小さじ1〜2・にんにく（すりおろし）1かけ・塩こしょう各少々

■中華ダレ　中華おかずの調味、蒸した鶏肉や魚にも…

油淋鶏ダレ	長ねぎ（みじん切り）適量・しょうゆ3・酢2・砂糖2・紹興酒1・ごま油1
バンバンジーダレ	白練りごま3・しょうゆ3・砂糖1.5・酢1.2・ラー油0.8

※好みで黒こしょう、玉ねぎのすりおろしやみじん切り、しょうゆ、にんにくを加えてください。
※数値は比率なので、食材の量に合わせて加減してください。「大」「小」とあるものは、さじで計量してください。

■ドレッシング　朝食や副菜のサラダにかけて…

フレンチドレッシング	オリーブオイル2・レモン汁1・白ワインビネガー0.2
バルサミコドレッシング	オリーブオイル3・バルサミコ酢1
中華ドレッシング	ごま油3・酢1
シーザードレッシング	マヨネーズ3・牛乳3・レモン汁0.5・粉チーズ1.5・にんにく（すりおろし）、黒しょう各適量
和風ドレッシング	好みの油3・酢1・しょうゆ少々
アンチョビドレッシング	オリーブオイル2・レモン汁1・白ワインビネガー0.2・アンチョビー1枚
ポン酢オリーブオイル	オリーブオイル3・ポン酢1

■マリネ液　野菜や魚を漬けておくだけ…

万能マリネ液	砂糖1・酢2・しょうゆ2・油2
和風マリネ液	みりん1・しょうゆ1
酢のもの	酢1・薄口しょうゆ1・みりん1
鶏肉のマリネ	オリーブオイル3・白ワイン2・レモン汁0.5・塩こしょう適量・ローズマリー1枝・タイム2枝
南蛮酢	だし7・酢3・みりん1・薄口しょうゆ1・砂糖0.5 ※ひと煮立ちさせる
素揚げ野菜	めんつゆ10・しょうが（すりおろし）1・にんにく（すりおろし）1
味つけ卵	しょうゆ10・みりん10・砂糖1（好みで・酢2）
野菜の酢漬け	ワインビネガー3・水1
ピクルス	酢大4・水大3・塩大1/2・砂糖大2・黒粒こしょうひとつまみ・ローリエ1枚・クローブ1本 ※ひと煮立ちさせる
カレーマリネ	好みの油1・酢2・砂糖1・レモン汁1・カレー粉0.6・塩適量
エスカベッシュ	オリーブオイル3・ワインビネガー1・レモン汁1・粒マスタード0.5
唐揚げマリネ	卵黄1・しょうゆ2・みりん1・酒1・しょうが、にんにく（すりおろし）適量

■和え衣　茹で野菜(にんじん、青菜など)や豆腐と和えて…

白和え	水切り豆腐1丁・くるみ100g・砂糖大さじ2・薄口しょうゆ小さじ1
ごま白酢和え	水切り豆腐1丁・すりごま大さじ4・砂糖大さじ2・酢大さじ2・しょうゆ小さじ1〜1.5
ごま和え	すりごま4・しょうゆ1.5・砂糖1.5
ごま酢和え	すりごま3・しょうゆ1・砂糖1・酢0.8

■その他　使えるもの

茶碗蒸し液	卵1個・だし3/4カップ・薄口しょうゆ小さじ1
お浸し液	だし15・薄口しょうゆ1・みりん1
煮魚の煮汁	だし2・酒2・水2・みりん1・しょうゆ1
炊き込みご飯の素	だし10・酒1・薄口しょうゆ1
煮物の煮汁	水（だし）＋酒8・しょうゆ1・砂糖（みりん）1
めんつゆ	しょうゆ1・みりん1・水5・鰹節（全体量600mlに対し10g）※ひと煮立ちさせて濾す
お弁当の卵焼き	卵3個・だし大3・砂糖大1・みりん大1・塩少々・しょうゆ小さじ1/4
だし巻きの卵焼き	卵4個・だし大4・薄口しょうゆ小1・みりん小2・塩少々
肉じゃがの煮汁	だし2カップ・砂糖大2・酒大1・みりん大2・しょうゆ大4
青菜の煮物	みりん大1・薄口しょうゆ1
乾物の煮汁	だし10・しょうゆ1・みりん1
みそ汁	みそ1・だし15

お手軽な「名もない副菜」で食卓を彩り豊かに

メインに時間をかけて、副菜にまで手間暇をかけていたのではストレスが溜まってしかたありません。そんなときのために、手軽な「名もない副菜」を一品作りましょう。たとえば「バンバンジー」を作るとなると、正確なレシピが必要だと思いがちですが、裂いた鶏肉と刻んだキュウリを、しょうゆ、ごま油、酢で和えるだけでも、副菜は立派に完成。豆腐や乾物（海藻、ごま、切り干し大根、ナッツ類）なども常備しておけばいろいろなアレンジが可能です。

献立に迷ったら「生・煮・炒・揚・茹」の調理法から考えればスムーズに決まる

調理法から食材を考えると、献立のマンネリ防止に役立ちます。調方法には「生」「煮る」「炒める・焼く」「揚げる」「蒸す・茹でる」の5つがあり、その食材で試したことのない調理法を選べば、違った視点で食材を見ることができるようになります。「調理法で考える」という方法は、迷ったときのクセにしておくとよいでしょう。

栄養バランスを考えるのが面倒なときは 「ま・ご・わ・や・さ・し・い」で決まり!

「ま・ご・わ・や・さ・し・い」とは、豆類（ま）、ごま（ご）、わかめ（わ）、野菜（や）、魚（さ）、しいたけなどのきのこ類（し）、いも類（い）の頭文字を並べたもの。これらの食材が揃えば、理想的なバランスのよい栄養が摂れるとされており、食育にも推奨されています。メインは決まったけれど、何を足したらいいか迷ったら、とりあえずこれらを揃えてみてください。食卓の彩りも増します。

和から洋まで、困ったときの卵頼み

　私は、冷蔵庫の食品ストックや野菜がすっかりなくなるまで買い物をしない主義。とはいえ、使い切る最後の1〜2日は野菜がほんの少ししかないということもあります。そんなときに頼りになるのが卵。ほんの少し残った野菜や肉なども、卵さえあればオムレツ、卵とじ、茶碗蒸しの具に早変わり。これだけで立派な副菜になります。

ストック神4種は「ほぐし鮭瓶」、「サバ缶」、「ツナ缶」、「ささみ缶」

　日持ちして味つけにもなる「神」的存在の缶詰めや瓶詰めは、絶やさないようにしたいもの。「ほぐし鮭瓶」ならチャーハンやおにぎりの具、「サバ缶」はパスタ、サラダ、煮物などに、「ツナ缶」もサラダのほか、ピザトーストの具、「ささみ缶」はそのまま食べても鶏丼の具にしても抜群です。いろんな種類をストックしておくと、買い物に行く暇がないというピンチも切り抜けることができます。

レシピ本は献立選びに活用。家族に渡して食べたいものに付箋を貼ってもらおう

「今日のおかず、何がいい?」と聞いて「なんでもいいよ」と返されると、テンションが下がります。そんなときに活用したいのがレシピ本。まず、定番おかずが並んだレシピ本と付箋を家族に渡します。そして、「おいしそうだな、食べたいなと思うページに貼って!」とお願いしましょう。次に、貼ってもらったそれぞれの付箋に「蒸」「炒」「揚」「和え」と調理法を記入します。たったこれだけで、献立がビシッと決まります。

買い出しをなるべく週1で済ませるコツ

「買い出し」は台所仕事のなかでも、特に時間と体力を使う作業です。週2回の買い出しなら、自宅と店を往復する時間も2倍。せっかく来たのだからと、余計なものに出費してしまう危険もあります。できれば週1回程度に抑えましょう。当然、一度に買う量は多くなるので、店内では効率よく行動することが大切。買い物メモは、スーパーの売り場順にまとめます。「献立客観シート」（P.33参照）で1週間分の食材をリストアップすることで、無駄買いも減らせます。

「買い物メモ」は、
「欲しい順」ではなく「店のレイアウト順」

　スーパーへ買い物に行くときに持っていくメモは、「店のレイアウト順」、つまり配置された棚の順にリスト化するのが正解。買うものを思いついた順にリストアップしたメモだと、食品売り場を何度もウロウロして、時間の無駄に。よく行く食品売り場のレイアウトを思い出し、入り口からレジまでを効率よく歩ける配置順にリストを作成しましょう。そうすると、何度も行ったり来たりせず、短時間で回れるようになります。

メインの食材を手にしてから訪れてもらうよう、総菜等は一番奥に

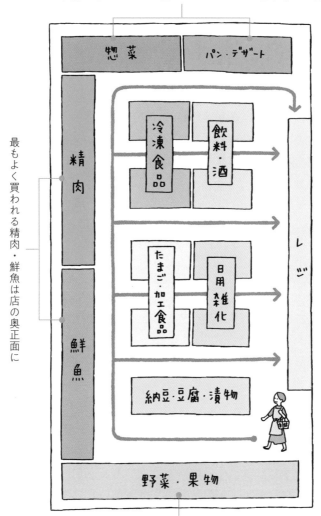

最もよく買われる精肉・鮮魚は店の奥正面に

惣菜

パン・デザート

冷凍食品

飲料・酒

たまご・加工食品

日用雑化

納豆・豆腐・漬物

レジ

精肉

鮮魚

野菜・果物

季節感や旬を感じさせ、鮮度を伝えられる野菜・果物は入り口近くに

献立に悩んでいるなら
最初に鮮魚・精肉コーナーを攻める

　スーパーに行くと、たいていは入り口すぐのところに野菜・果物コーナーがあり、さらに進んでレジ正面奥に鮮魚・精肉の売り場があります。漠然と「何を作ろう?」と悩んでいるなら、まずは肉・魚介売り場へ直行。その日の特売の食材などから、メイン料理を決めてしまうのです。そうすればコスパよく副菜を考えやすくなるうえに、あとの買い物にも無駄がなくなります。

肉を選ぶ基準は、色、ツヤ、ドリップ

　どんな肉も、①色、②ツヤ、③ドリップ（肉の内部から分離して出る液体）の3つのものさしで良し悪しを見分けることができます。色は鮮やかでくすんでいないものがベスト。どす黒い豚肉や緑がかった鶏肉は、鮮度が落ちています。さらに大きな決め手となるのがドリップの有無。パッケージ内にドリップが多ければ、その肉が解凍肉である証拠です。

　また、「ブロック肉」のほうがコスパがよいだけでなく、切り口が空気に触れていない分、酸化の促進を抑えられるということも覚えておきましょう。

豚肉は、料理の選択肢が多い
ロースとバラを優先的に買う

　豚肉でおすすめなのは、ロースとバラです。ロースは背中の中央部分の肉。きめ細かく、やわらかな赤身の外側に脂身がほどよくついていて、しょうが焼き、しゃぶしゃぶ、すき焼き、カツ、ソテーと万能選手。胸から腹にかけてのバラは、脂肪が多くかたくなりにくいことから、かたまり肉はカレー、シチューなどの煮込み、酢豚、角煮、スライスは炒めものや野菜の肉巻きなどに威力を発揮します。

牛肉はメイン料理の存在感が抜群。
部位に合わせてメニューを決める

　牛肉は、メインディッシュとしてどんな食材よりも存在感があります。ステーキなどの焼き物には、「roast（焼く）」に由来する背肉部のロースや、腰上部のサーロインがおすすめ。ランプは、サーロインに続く、腰から尻にかけての部分。赤身でやわらかいフィレは、ステーキの他、薄切りでしゃぶしゃぶ用にも。脂肪が多くてややかたいバラは、すき焼きやシチューなどの煮込み料理に向いています。ややかたく、ゼラチン質の豊富な外ももも、同様です。

「鶏もも」よりも安価で栄養価の高い
「手羽」「ささみ」「レバー」は
特徴に合わせて調理

　鶏の「手羽先」と「手羽元」を合わせた部位が「手羽」。骨があるので食べにくいという人もいますが、スープやおでんなどに入れて煮込めば、肉と骨が分離して食べやすくなります。脂肪の少ない「ささみ」はフライやサラダ、和え物にぴったり。ビタミンAや鉄分豊富な「レバー」の気になる臭みは、牛乳に30分ほど浸ければ取れます。それぞれの特徴に合わせた調理方法や食べ方を選んでみて。

肉一食分の適正量は
「握りこぶしひとつ分」と覚えておく

　肉を買うとき、どれくらいが適量か迷うことがあります。育ち盛りの子ども、運動習慣のある人、妊娠中の人など、肉の適正な摂取量には個人差があるので一概には言えませんが、目安として「ライスなしでステーキにして食べる場合は200グラム（握りこぶしひとつ分）。ライスありで、ハンバーグとして食べる場合は100グラム（指4本分）、野菜炒めの具として肉をとる場合は80グラム（指3本分）」と覚えておくといいでしょう。これらの目安は、牛、豚、鶏、どの種類にもだいたい当てはまります。

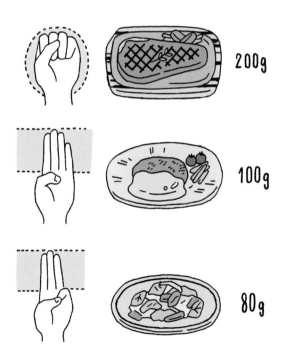

切り身の鮮度は日付よりも実物を見て判断。
よい魚屋さん選びのポイントは3つ

　鮮度のよい切り身を見分けるのに、パックの日付はあまり関係ありません。①パックの底に魚の血や水がたまっていない、②切り口の断面がしっかりしている、③身がしまっていて弾力があり、透明感がある、④血合い（赤黒い肉の部分）の色が鮮やかな赤色をしている、の4つのポイントをチェックしましょう。

　よい魚屋さんの条件は、①いつもお客で賑わっている、②閉店時に残っている魚が少ない、③魚のアラを毎日売っている、の3つです。これらの条件を満たしている魚屋さんは、商品の回転が速いため、魚の鮮度が高いといえます。

買い物メモに「差し色食材」を追加すれば、
料理がぐんとカラフルに

　肉や魚といったメインの食材を調理すると、プレートの印象はどうしても「茶色」っぽくなりがちです。もちろん、たんぱく源が豊富な献立が並んでいる証拠ですから素晴らしいことですが、できればもう少し「目にもおいしい食卓」を作りたいもの。そこで力を発揮してくれるのが「差し色食材」です。料理がおいしく見えるのは、「赤」「黄」「緑」「白」の4色。この4色をバランスよく差し色に使えば、食卓は何倍にも鮮やかになります。

「旬のもの」にこだわれば
野菜選びに迷わない

　野菜はできるだけ「旬のもの」を選んでください。野菜の
旬は約3か月間。その時期に多く収穫されるので、手頃な価
格で入手できます。おいしいうえに栄養価も高いといいこと
ずくめ。たとえば冬場のさやいんげんは、夏場と比べて約
1.5倍の値段。高血圧や利尿作用に効果のあるカリウムを多
く含むのは旬の夏です。

　旬野菜はスーパーの目玉商品。さっそくチラシの特売情報
をチェックしてみましょう。

味付けが決まらないと感じたとき
足すべき調味料の選び方には法則がある

「酸っぱすぎる」「辛さばかりがきわだつ」など、味付けがうまく決まらないと感じたときに足すべき調味料には、一定の法則があります。慣れないうちは、以下に挙げた表を参照してください。何度かやっているうちに、自然と頭にインプットされるでしょう。

【元の味に足すべき調味料】

- 酸っぱすぎる→甘み
- 辛い→酸味
- 苦い→甘み
- 塩辛い→酸味
- コクが足りない→甘み
- 甘さとコクが足りない→はちみつの甘み
- 深みが足りない→酒
- 深みとコクが足りない→オイスターソース
- うま味が足りない→だしの素
- 香り・風味が足りない→こしょう、わさび、各種ハーブ

塩を使い分けるだけで
どんなシンプル料理でもクオリティが安定する

　料理の味付けの基本は塩。食材は節約しても、塩はよいものを選びたいものです。安価な精製塩は文字通り塩辛さばかりが目立ち、食材本来の味わいを引き立ててくれません。これに対して、海水を蒸発させてつくった「天日海塩」や「岩塩」なら、多種類の天然ミネラルがたっぷり。私は料理に合わせて数種類を使い分けています。

【 料理別　相性のよい塩 】

野菜の塩茹で・下ごしらえ
「シママース」「伯方の塩」。どちらも安価な国産ブランドで、日本人の味覚にもっとも合う一般的な塩として重宝。

焼き物や炒め物の仕上げ
「ゲランドの塩」。フランス原産の天日海塩で、味にまろみがある。

サラダや肉・魚の仕上げ
「マルドン シーソルト」。英国王室御用達で、粒が大きくサクサクとした食感が特徴。

台所しごとへの意識をネガティブからポジティブに切り替える

　台所が整うと、気持ちが高まり、調理へのモチベーションもアップします。

　味付けなどの失敗が減り、効率よく食事の支度ができるようになれば、食卓には「おいしい！」という言葉が飛び交い、笑顔の輪も広がるでしょう。人生における、こうした理想の循環を、私は「ハッピーサイクル」と名づけました。根底にあるのは、台所こそが日々の幸せを生み出す場という考え方です。

　では、「高木ゑみ流 ハッピーサイクル」とは何か、具体的にご説明いたしましょう。

　たとえば、あなたはこんなふうに思いながら毎日を過ごしていないでしょうか。

「ああ、また今日も食事の支度をしなきゃ」

　そう思うだけで、朝からテンションがダウン……。

　ネガティブな気持ちで行う台所仕事は、しんどい「苦行」でしかありません。

「食事は命を維持するために欠かせない。だから、どんなにつらくても台所に立たなくては」

こんな義務感だけで料理を頑張っているなら、しんどいの
は当然です。結婚し、育児と仕事の両立に悩んでいた頃の私
も、まったく同じ経験をしました。でも、それではいけない
と試行錯誤した結果、私はある真理にたどりつきました。

「台所仕事がスムーズにできるようになると、人は元気にな
れる」

　台所をミクロコスモス（小宇宙）としてとらえ、「台所を
理想に近づけられるのは私しかいない」とポジティブな気持
ちに切り替えた途端、台所が、超強力なパワースポットにな
ってくれたのです。

　この気持ちのギアチェンジさえうまくできれば、誰でも「ハ
ッピーサイクル」を「回す」ことができます。
　たとえて言うなら、「いい波に乗る」というイメージです。
　こうした考えに基づいて、私は多くの女性たちに、無数の
アドバイスを続けてきました。その結果、彼女たちから
「家族に『おいしい』と喜んでもらった」
「台所を整理したことで、前よりも使いやすくなった」
「食材の使い回しがうまくなったことで、時間的、精神的な
余裕が生まれた」
　といった反響をいただくことになったのです。

PART
3

下ごしらえの
コツ

毎回毎回、すべての料理をイチから手順に従って
作っていくことは、実はすごく非効率。
まずは自分が作ろうとしている料理の工程を分解してみましょう。
そうすれば、先取りできる工程や
同時に進められる作業などが見えてくるはず。

どんな料理も、プロセスは5段階

　料理を効率よく進めるには、その全体像を把握しておく必要があります。調理の基本作業は、①洗う・むく・切る、②下味をつける、③加熱する、④味付けする、⑤保存する、の5つ。まずは、このプロセスに分解して、どの料理にどの作業が必要かを確認しておきましょう。たとえば、カレーは、前記のプロセスのうち①③④の作業が必要ですが、このように分解することで、①を空き時間に行い（食べる当日や直前である必要はありません）、直前に加熱と味付けだけ行うという状態にすることができます。

献立に必要な食材は
冷蔵庫から一度に全部出して、
そのまま一気に洗い、切る

　冷蔵庫を開ける前に、その日の献立に必要な食材を把握してください。そして、それらを一気に取り出し、トレイの上に並べます。そのままシンクの中で一気に洗い、むくものは一気にむいて、切るものも一気に切ってしまいます。つまり、メニューごとに食材を出してきて切るのではなく、今日の献立で必要な食材を全部出して一気に処理していくのです。そうすれば、使おうと思っていた食材を忘れてしまった……なんて失敗もありません。

1. 洗う・むく・切る

2. 下味をつける

3. 加熱する

4. 味つけする

5. 保存する

野菜の切り方、下処理・保存のしかた

【キャベツ】

① 一番外側の大きな葉っぱは捨てないで、使いかけのキャベツをくるむのに使う。冷蔵庫で保存する際に保湿の役割をしてくれる。

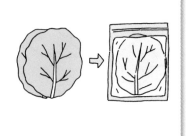

② 一番外側の葉を保存用に取り分けたら、その次の大きめでキレイな葉は、家族の人数分×2〜3枚をさっと塩茹でして冷水に落とし、水気を切ってキッチンペーパーに包んで冷蔵しておく。ロールキャベツに使ったり、肉味噌や焼き肉を巻いたりするのに使える。

③ 一部はサラダ用に千切りにし、残りはざく切りにしてジッパー付き保存袋で冷蔵保存しておく。さらに、ざく切りにしたうちの一部をサッと塩茹でしておくと、かさも減り、汁物や和え物などに便利。そのまま冷凍してもOK。

④ 茹でキャベツは、そのまま袋から振りかけるように出して炒め物に使ってもよい。塩昆布をパラッと振りかけ、ごま油と白いりごまを少々入れて軽く揉めば、おいしいおつまみに大変身!

【白菜】

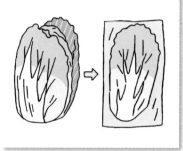

① 外側の数枚は重ね煮用としてラップにくるんで取っておく。挽肉や豚バラなどを重ねて蒸すのに重宝する。

② 残りはざく切りにして、ジッパー付き保存袋へ入れておく。キャベツと同様、一部は茹でておくと便利。麺類、煮込み、汁物、和え物、炒め物、蒸し物、サラダ、鍋にとフル活用できる。

【大根】

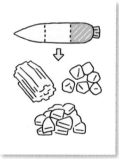

① 下のほうは辛いので、すり下ろして大根おろしに。風味は落ちるが冷凍保存も可能。

② 中央部は厚めにカットし、面取りをして米のとぎ汁で下茹でをすると、煮込み料理に使えて便利。

③ 残りは千切りや角切り、いちょう切りなど、異なる切り方にして、それぞれラップにくるんで保存。味噌汁や炒め物などにサッと使える。

【ニンジンの切り方】

輪切り
皮をむいてからヘタを落とし、一定の厚さで

半月切り
皮をむいて縦半分に切ってスライス

いちょう切り
皮をむいて縦の十文字切りにしてスライス

乱切り
90度ずつ転がしながら一口大になるよう斜めに切っていく

千切り
スライサーで薄切りにしたものを少しずつ重ねながら並べ、さらに包丁で千切りに

みじん切り
千切りにしたにんじんを1〜2ミリの幅で切る

【じゃがいもの切り方】

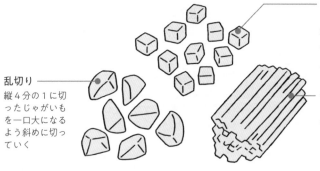

さいの目切り
1センチ幅の棒状に切ったじゃがいもを、さらに1センチ間隔で切っていく

乱切り
縦4分の1に切ったじゃがいもを一口大になるよう斜めに切っていく

千切り
スライサーで薄切りにしたものを少しずつ重ねながら並べ、さらに包丁で千切りに

【ほうれん草のアク抜き→カット】

① 包丁で根元に切り目を入れる。

② 泥が残らないよう念入りに水洗いする。

③ 塩を1つまみ加え沸騰させたお湯に根元から浸け、そのまま30秒ほどおく（輪ゴムでまとめておくと茹でやすい）。

④ 葉の部分も入れてさらに10秒ほど茹でたら裏返してさらに10秒ほど茹でる。

⑤ ボウルなどに上げて流水で冷やす。

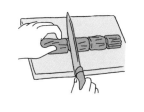

⑥ 根元を揃えてから水分を絞り、用途に合わせた長さに切る。

大きい野菜はしまう前に
「切る・茹でる」の下処理をする

　キャベツや白菜、大根などの大きめ野菜は、料理に使う分だけをそのつど使っていくと、最後のほうはしなびて鮮度もすっかり落ちてしまっているもの。だから買ってきた時点で、切る・茹でるなどの下処理をし、部位別に保存しておきましょう。所要時間はせいぜい3分程度。こうして下処理しておけば、妙め物や煮物に入れて野菜の種類を増やしたり、メインのかさ増しに利用できたりするので、使い残しを防ぐことができます。

ラクに素早く食材をカットするために
道具は使い分ける

　食材のカットは、意外と時間がかかります。スピードアップのためには道具を選びましょう。ニラやほうれん草などの葉ものは台所用ハサミがおすすめ。玉ねぎのみじん切りならフードプロセッサー。1個のみじん切りが10秒で済みます。大根、ニンジンの千切りを生で食べるときは、スライサーを使いましょう。極薄切りにしたあと包丁で千切りにすれば、野菜の繊維がきれいに切れて、最高の食感が生まれます。皮むき器は、ごぼうのささがきにも使うと、細くてシャキシャキに仕上がります。

牛や豚の塊肉を加熱するときは、事前によく切れる包丁で筋切りすると縮むのを防ぐことができる

　肉を切る際は、脂身の処理の仕方を考える必要があります。濃厚さを優先して残すのか、ヘルシー志向でカットするのか、そのときの方針に沿って決めましょう。いずれにせよ、牛や豚の塊肉などに共通して行いたいのが、加熱の際に肉がかたく縮むのを防ぐための「筋切り」です。筋は赤身と脂身の境目にあるので、図を参考に切り込みを入れてください。一発で作業が終わるよう、包丁を事前によくお手入れしておくことも大事です。

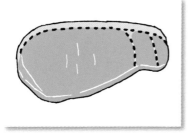

① 赤身と脂身の境目にある、筋の場所を確認。

② 包丁を立て、筋の部分に垂直に切り込みを入れる。切り込みの長さは1センチ、間隔は2センチくらい。

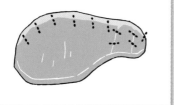

③ 点線の部分に切り込みを入れて完成。厚い肉には、裏側からも切り込みを入れる。

魚のウロコはポリ袋の"即席ドーム"の中でこそげ取る

ウロコを取りたいときは、魚をポリ袋に入れて軽く口を閉じ、そこに包丁を持った手を入れて包丁の背でゴシゴシこすりましょう。ポリ袋の中で、ウロコを飛ばすので、飛び散らなくて済みます。そして「まだ取れていないウロコ」を見つけたいときは、背から頭に向かって魚をなでてみてください。ウロコが指に引っかかるため、すぐにわかります。

魚の骨は上から指の腹で押さえてかたい感触をたしかめながら包丁を動かしていく

魚の切り身から骨を取るときは、上から指の腹で押さえると骨のかたい感触がわかるので、それを感じながら、包丁を骨の際に沿って動かしましょう。サンマのように、小骨が抜きにくい魚の場合は、中心の小骨部分（血合い）の両側に沿って包丁を入れ、そのまま割れば、簡単に骨が外せます。

塩を振るタイミングは
魚は10分前、肉は直前が理想的

　塩の役割は、塩味をつけるためだけではありません。「水分を出す」「変色を防ぐ」「色を鮮やかにする」「保存力を高める」「食材を引き締める」など、さまざまな効果があります。また、食材によって用いるタイミングも異なります。魚は、焼き始める15分前には塩を振り、出てきた水分をキッチンペーパーで拭き取りましょう。キュッと身が締まって生臭さやアクが取れ、うま味を閉じ込めます。煮魚の場合も、塩を振ると煮崩れを防げます。肉は魚とは逆で、焼く直前に塩を振ります。塩を振って放置すると水分が出すぎ、かたくなってうま味が逃げてしまうからです。

食材の下処理は調理の空き時間に
「ついで」にやるので十分

　野菜などの「洗う・むく・切る」といった簡単な下処理は、日頃の調理のついでにやっておきましょう。わざわざそのための時間を確保する必要はありません。火を使っていても比較的手を離せる「炊く・蒸す・煮る・茹でる」をしているときが、下処理のチャンス。下処理した食材は、次回やそれ以降の予定を考えながら、保存容器やジッパー付き保存袋に入れて冷蔵・冷凍します。

ムダを「ゼロ化」すれば、台所はパワースポットになる

　台所を整えることから生まれる「人生のハッピーサイクル」。このサイクルには、2段階の流れがあることを覚えておきましょう。具体的には「ゼロ化」と「アップ化」。この2つです。

　台所仕事をスムーズに行うには、はじめに、あらゆるムダを省く「ゼロ化」の流れを徹底します。

・調理道具などを厳選して、ムダなスペースを「ゼロ化」。
・探しものにかかっていた時間を「ゼロ化」。
・買い物の仕方を根本的に改善して、買いすぎ・買い忘れ・廃棄を「ゼロ化」。
・調理の方法も見直して、調理の時間・手間・かける労力の「ゼロ化」。

　以上のことを実践すると、気持ちはおのずと整って「アップ化」の流れに乗ることができます。笑顔、モチベーション、コミュニケーション、それぞれの量と質がアップし、それらと連動して、自己肯定感や家族からの評価もアップするというわけです。

　台所とは本来、このような目に見えないさまざまな変化を、有機的に生み出してくれる「パワースポット」です。その力をよい状態で受け止めるには、あなた自身の"手を動かす"ことが一番。台所という小宇宙を効率よく高めていってください。

失敗しても
大丈夫

コミュニケーションの
質と量がアップ
家族も手伝いたくなる
パワースポットに!

台所をもっと
使いやすくして、
料理を
楽しみたい

自己肯定感アップ

周囲からの評価アップ

成功体験を
積み重ねて
モチベーション&
意欲がアップ

まず台所
しごとのルールを
知る!

ムダな
スペース&
探しものの
ゼロ化

台所をカスタマイズ
し続ければ**人生の**
ハッピーサイクルが
回り出す!

時間ができ
気持ちも
明るくなって
笑顔がアップ

献立の悩みの
ゼロ化

調理の
ムダの
ゼロ化

買いすぎ&
買い忘れの
ゼロ化

PART
4

調理のコツ

いまや検索すればすぐにたいていの料理のレシピを
見つけることができます。
ところが、材料も手順もレシピ通りだったはずなのに何か違う…
ということってありませんか？
実はレシピには載っていないささやかな「コツ」が、
料理の決め手になるのです。

利き手は素手、反対の手はゴム手袋で、作業効率は劇的にアップ

　調理の際に「利き手は素手、反対の手には使い捨てのゴム手袋」というルールを試してみてください。右利きなら左手にゴム手袋をはめて「食材を触る手」に、右手は素手のまま「食材以外を触る手」として包丁を持ったり、引き出しを開け閉めしたりするのに使います。

　肉を切るときを考えてみましょう。塩、こしょうを振る前に手を洗ったり、包丁を柄まで洗ったり、「洗う」作業がつきまといます。でも雑菌さえ広げなければ、何度も洗う必要はないはず。「食材以外を触る手」を常にきれいに乾いた状態にしておけば「洗う」回数は劇的に減らせるのです。

自分の指のサイズを測って記憶しておくメリット

　長さや太さなど、食材を切り揃えることは、料理のおいしさに直結します。レシピに「5センチ」「7センチ」などサイズが指定されていたら、炒め時間や煮る時間、歯ごたえ、食感などすべてに影響するので、できるだけ守りたいところ。とはいえ、定規で測るのは大変です。そんなときに活用したいのが「自分の指」。「定規代わり」にしましょう。ちなみに私の場合、親指の爪の幅は「約1センチ」、左手小指は「約5センチ」です。

肉を焼くときフライパンは動かさない

　フライパンで肉料理を焼くとき、表面が焦げてしまうことがあります。フライパンを十分熱しないまま油をひくか、油の量が少なすぎたのでなければ、食材をフライパンの上で動かしすぎるのが原因。これだと水分が出てしまい、表面がカリッとするはずが、ベタッとくっついて、焦げついてしまうのです。

　ステーキは、うま味が流れ出してしまうので、その意味でも動かしすぎはNG。自然と脂がにじみ出てくるのを待っていれば、肉がフライパンからスルッと離れます。ほんの少しめくってみてその状態になったと判断したら、一気に裏返しましょう。中はジューシー、外はカリッとしたおいしいステーキができます。

ガーリックソテーは
「にんにくフォーク」で炒める

　ガーリックソテーを作るとき、にんにくをみじん切りにすると主張が強すぎ、素材の味を消してしまうこともあります。素材の味を生かし、ほんのりとガーリックの風味を感じたいのなら、半割りにして芽を取ったにんにくにフォークを突き刺し、「にんにくフォーク」で素材を炒めましょう（ほうれん草やキノコのバターソテーなども同様）。フォークの先端はにんにくでカバーされているのでフッ素樹脂加工のフライパンでも安心です。

ハンバーグの肉は
牛7：豚3がもっともおいしい

　ハンバーグに使う合挽き肉の理想的な割合は、「牛7：豚3」
です。誤解されがちなのですが「牛1：豚1」ではありません。
肉売り場で買う際に割合を気にしてみてください。タネに振
る塩の分量は、豚肉の重量に対する1%程度を目安にすれば
失敗しません。さらに酢を加えることで、防腐効果がアップ
します。

かたい特売肉は、ヨーグルトや赤ワインに
漬け込んでから焼くと、
やわらかくうま味たっぷり

　プレーンヨーグルトの中に肉がひたひたになるように漬け、
冷蔵庫でひと晩おいてから煮込むと、かたい特売肉もやわら
かくなり、マイルドな味に変身します。キウイやパイナップ
ルを角切りにして肉の塊が隠れるように漬け、冷蔵庫でひと
晩おいてもやわらかくなり、甘みがプラスされます。赤ワイ
ンや玉ねぎのすりおろし、キウイの角切り、ヨーグルトの4
種を混ぜたものに肉を漬け込んでひと晩冷蔵庫で寝かせても、
同様の効果が得られます。

野菜炒めの肉に小麦粉や片栗粉をまぶせば、肉汁が流れ出ない

　豚の薄切り肉は、しょうが焼きや肉野菜炒め、青椒肉絲（チンジャオロース）など、いろいろな料理に使えて重宝します。薄切り肉は、炒めるときに軽く小麦粉をまぶしておくと、火を通したときに肉汁が流れ出るのを防げますので覚えておきましょう。片栗粉をまぶすと、肉汁もうま味も閉じ込められ、タレにもちょうどいいトロみがつきます。

鶏の胸肉は真空低温調理でジューシーに

　真空低温調理法とは、フォアグラ料理のためにフランスで編み出された技法のこと。この調理法を応用すれば、パサパサした鶏の胸肉をジューシーな味わいに変身させることができます。
　まず、肉にオリーブオイルを塗り、空気が入らないようにラップを4〜5重にしっかり巻いて、ラップごと70℃くらいのお湯に入れる。次に、肉が200グラムとして、加熱時間の目処は約15分。加熱し終わった肉は、すぐに氷水で冷やす。こうすると、しっとりした食感に生まれ変わります。70℃のお湯で規定時間どおりに茹でることがポイント。大きめの鍋を使って弱火で茹でると温度を保ちやすいのでおすすめです。

細いパスタは魚介、
太いパスタは肉がベター

　一般的には、太いパスタはパスタの味が強くなるので、それに負けないソース、つまり、肉類を使ったソースと相性がいいものです。細いパスタに強い味のソースだとパスタの味が負けてしまうので、野菜や魚介類を使った軽めのソースとの相性がよくなります。

　肉類のソースは仕上げにパルメザンチーズをかけると味が引き立ちますが、魚介類のソースはチーズよりもオリーブオイルとの相性がいいといえます。

野菜、パスタを茹でるときは
味噌汁より辛い、塩ラーメンの濃さで

　パスタを茹でるときの塩分の目安は、麺100グラム（1人前）につき、湯は1リットル、塩10グラムで、薄い味噌汁よりも塩辛いくらいの濃さになります。麺を入れる前に、舌で塩加減を確かめる習慣をつけるといいでしょう。

　この目安はあくまで原則なので、ソースの味が濃厚な場合には塩を少し減らしたり、逆にソースが淡泊であっさりしている場合は、塩を少しきつめにしたりするなどして調整してください。

じゃがいもの裏ごしは
熱いうちが勝負

　茹でたじゃがいもは、男爵であれメークインであれ、時間がたつと粘りが出てきます。それを裏ごすと糊のようになって風味が落ちるので、皮付きのまま茹で、竹串を通してみましょう。完全にやわらかくなるまで茹で上がったら手早く皮をむき、熱いうちに裏ごししてしまうのがコツ。その際、裏ごし器は格子模様に逆らうように使ってください。格子に沿って裏ごしすると、網が伸びてしまいます。特に馬の毛の裏ごし器は注意してください。

マッシュポテトは
下味のついた温かい牛乳で
ソフトクリームのやわらかさにのばす

　マッシュポテトは、茹でたてのじゃがいもを手早く裏ごしすることから始まります。これに、牛乳や生クリーム、バターなどを加えますが、冷たい牛乳ではなく、塩、こしょう、ナツメグで下味をつけた温かい牛乳を加えてみましょう。こうすると、裏ごししたじゃがいもが急激に冷めず、粘りが出にくくなります。家庭では牛乳だけでのばすことが多いと思いますが、温めた牛乳に生クリームやバターをたっぷり入れると、風味が格段に増します。マッシュポテトの理想のかたさは、ソフトクリームくらいと覚えておいてください。

ナスは水にさらしてアク抜きした後、
強火で手早く調理する

　ナスはアクが強く、切り口が空気に触れるとすぐに変色してしまうため、切ってしばらく置くときは、水か塩水にさらします。また、切り口に塩を当て、アクと一緒に水分が出てきたところを拭き取るという方法もあります。ナスと油は相性がいいのですが、炒めると大量の油を吸い込んで油っこくなりやすいので、強めの火で手早く炒めるようにします。それが難しいようであれば、高温の油でカラッと揚げてから、最後にほかの材料とからめるというのも手。ナスを揚げる場合でも、中まで完全に火が通った段階で、油の温度を180℃くらいに上げると、きれいに揚がります。

料理に「料理酒」は使わない。
天然の日本酒やワイン、泡盛が最高!

「料理酒」には、「お酒」以外の成分が配合されているため塩分や糖分が多く、味が濃くなってしまいます。料理に使うお酒は天然が一番。なかでもおすすめは「カベルネ・ソーヴィニョン」のフルボディ（アルコール度数が高く、渋みが強く、濃厚なタイプ）です。有名銘柄ですが、最安値のものだと1本300円前後で入手できます。日本酒の場合は、100〜200円前後で手に入るカップ酒（「大関」など）がお手頃。沖縄名物の泡盛（紙パック入りの「残波」など）はコスパの面でも最強です。

野菜は白→黄色→赤→黄緑→緑。
濃淡順に切る

　野菜は、白いものから切り始めるという原則があります。「白
→黄色→赤→黄緑→緑」の濃淡順に切っていくのです。たと
えば、大根・かぶ→ニンジン→トマト→レタスやきゅうり→
ほうれん草の順に。そうすると、まな板の汚れが気にならず、
どんどん切れます。まな板の近くに「白いものから切る」と
書いておいてもいいでしょう。包丁とまな板を洗う回数を減
らせるようになります。

野菜の皮は鍋の中でむくと
野菜だしを活用できる

　野菜の皮にも栄養がありますから、むかずにそのまま調理
するのが理想ですが、どうしても食感が気になるものは、「だ
し」として活用する方法もあります。大根やにんじんはもち
ろん、玉ねぎの皮（茶色い部分）も立派なだしになるのです。
とくに玉ねぎの皮は、ケルセチンと呼ばれる血液サラサラ成
分が多く含まれた優秀な素材。よく洗った野菜の皮を、鍋の
上でむいて落とし、たっぷりの水で加熱すれば、風味豊かな
野菜だしのでき上がりです。

野菜にはおいしい茹で方がある

　葉物野菜は、一束あたり水1.5リットルに大さじ1の塩を入れ、しっかり沸騰させて茹でるのが基本です。茹であがったら、氷水に落とせば色をキープできます。ただし、ブロッコリーやカリフラワー、グリーンアスパラガスなどはつぼみや穂先に水分が入り込んで、せっかくの食感を損なってしまうため、水には落とさないこと。野菜をレンジでチンするのは、熱が入りすぎたり熱の入り加減にムラがあったりするほか、色が悪くなることもあるのでおすすめできません。

【法則①】

根菜類は水から茹で、葉物類は湯から茹でる

野菜ごとの正しい茹で方は、次の法則を知っておくと便利。「土の下に生えている野菜は水から」「土の上に生えている野菜は湯から」と覚えておくのもよいでしょう。

水から茹でる野菜

じゃがいも、大根、ニンジンなど、火を通すのに時間がかかる根菜類。

湯が沸いてから茹で始める野菜

ほうれん草、小松菜、春菊など、火が通りやすく、長時間茹でると色や風味が湯に流れ出てしまう葉物類。

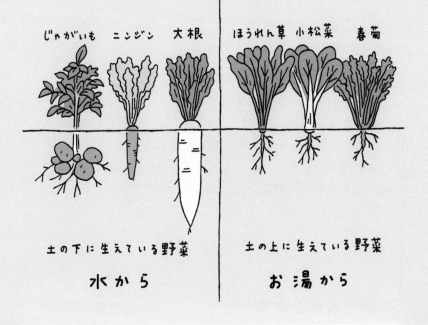

じゃがいも　ニンジン　大根　　ほうれん草　小松菜　春菊

土の下に生えている野菜　　　　　土の上に生えている野菜

水から　　　　　　　　　お湯から

【法則②】

退色しやすい野菜は冷水にさらし、
それ以外の野菜は「陸上げ」に

茹でた後そのままにしておくと退色してしまう野菜は冷水にさらし（色止め）、そうでない野菜は冷水にさらさずただざるに上げておきます（陸上げ）。なお、アスパラはサラダ用には「色止め」をし、つけあわせなどの温料理に用いる場合は「陸上げ」にします。

「色止め」が必要な野菜

ほうれん草、小松菜、春菊などの葉物類。オクラなど。

「陸上げ」にしておく野菜

ブロッコリー、カリフラワー、いんげん、さやえんどう、枝豆、もやし、ニンジン、レンコン、白菜、ゴボウ、キャベツなど。

茹ですぎ、揚げすぎなど
調理に潜む「○○しすぎ」のムダを撃退する

　野菜類、特に葉物は茹ですぎると、やわらかくなりすぎてしまいます。また、揚げ物は火を通しすぎると、焦げたり、崩れたりします。調理の「○○しすぎ」は、時間をムダ遣いするだけでなく、食感を損ね、おいしさも逃してしまうなど、いいことはありません。茹でる・揚げるにはそれぞれ「いい加減」があります。意識してこれら「○○しすぎ」を適正化しましょう。

【茹で時間の目安】

ほうれん草…沸騰した湯に茎の部分だけ入れ、曲がるくらいやわらかくなってきたら全体を湯に沈める。その状態で10秒経ったら、裏返してさらに10秒。氷水に上げる（P.59参照）。

いんげん…沸騰した湯で2分茹で、氷水に落とす。

ブロッコリー…一口大に切り分け、大きいものから順に入れて1〜1分半茹でる。

じゃがいも…強火の鍋に水から入れて、沸騰したら弱火にする。ここまででおよそ10〜15分。じゃがいもの中心に竹串を刺して抵抗を感じなければ完成。

卵…沸騰した湯にお玉などを使って静かに卵を入れ、5分茹でる。この時点で火が通るのは白身だけ。半熟卵は6〜9分、固茹では10〜12分が目安。

【揚げ時間の目安】

野菜の天ぷら…やや低温（150～160℃）で、肉薄の野菜（大葉、春菊など）なら30～40秒。かぼちゃやさつまいもは、7ミリ程度の厚さで2～3分が目安。

じゃがいもの素揚げ…低温（120℃）で揚げ始め、薄く色づいたら温度を上げてさらに揚げる。

エビの天ぷら…中温（170℃）で揚げ始め、衣の表面が固まってきたら温度を少し上げる。全体で2～3分程度。

鶏のから揚げ…中温（170℃）で揚げ始め、衣に色がついたらいったん取り出す。2分後に油温を上げ（180℃）、1分ほど2度揚げにする。

とんかつ（厚さ1センチ）…中温（170℃）で片面を1分半、裏返してさらに3分揚げる。

コロッケ…高温（180℃）で衣がキツネ色になるまで揚げる。通常は2分くらい。

おいしい解凍は氷水を使う

　冷凍したものを解凍するとき、もっとも効率がいいのは氷水に浸すこと。食材は0℃より少し低い温度で凍るので、氷水でも溶けるし、温度を低いまま保てます。解凍ムラもできませんし、衛生的なうえに、短時間でできます。
　①ボウルに氷水をつくり、口がきちんと閉まる密閉袋に食材を入れて空気を抜く、②口を閉め、袋ごと氷水の中に入れる。浮いてくるようなら重しをして沈める、③袋の中に氷の膜が張ったらはがし、食材が溶けたら、解凍完了。

ラップを使って洗い物を減らす

　クッキーやタルト、パン、パスタなどを作るときは、生地をのばす作業台が必要です。小さいものならまな板、ちょっと大きなタルトやパスタなどは、キッチンテーブルを作業台にしている人も多いでしょう。そんなときはまな板やキッチンテーブルをラップで覆うと洗い物が減って便利。作業中にラップがはがれないようにするには、ラップで覆う前にかたく絞った布巾で拭くか、霧吹きで濡らせばOK。水分のおかげでラップが作業台にぴったりはりつき、はがれにくくなります。

肉をこねるとき、魚を切るときは、
氷水で手を冷やす

　魚屋さんやお寿司屋さんは、食材の鮮度を落とさないため、「手を温めないこと」に細心の注意を払います。そんな姿勢を真似してみましょう。女性は特に手の温度が高いため、食材に触る時間が長くなればなるほど、素材も温まりやすくなってしまいます。肉をこねるときは、脂身が溶け出さないように、手早く混ぜたいもの。魚を切るときも同じことです。保冷剤や氷水を置き、手を適度に冷やしながら作業をするようにしましょう。

味見は「作り始め」「途中」「完成」
それぞれのタイミングで行い、
少しずつ調味料を加えていく

　味見のタイミングは、①作り始め、②途中、③完成、の「3回」が原則です。ただし、それぞれのタイミングで、何度か微調整を繰り返す必要はあるでしょう。大事なのは、レシピに書かれた味付けを正確に真似するよりも、自分の舌で感じた味を「おいしい」と思えるかどうか。調味料を足すときは、いきなりドバッと入れたりせず、味見の度に少しずつ加えてください。

キッチンペーパーは
アク取りと落としぶたに使うべし

　煮物や鍋料理、スープ料理をおいしく作るために欠かせないアク取り。お玉ですくうと煮汁が少なくなるし、何度も取らなければならず手間がかかります。そこで便利なのがキッチンペーパー。鍋にアクが浮いてきたら、上から広げたキッチンペーパーをかぶせ、菜箸で隙間なく水面にかぶせていきます。時々持ち上げて、十分にアクが取れたと判断したら、そのまま菜箸で取りのぞいてください。こうすれば、煮物などは落としぶた代わりにもなりますし、余分な脂も取れて一石三鳥！

吹きこぼれる料理は鍋に
スプーンを投入する

　牛乳を鍋で温めているとき、突然泡立って吹きこぼれてしまうことがあります。箸でひっきりなしにかき混ぜていれば防げますが、面倒です。ところが、スプーン1本を入れておけば、これが簡単に防げます。吹きこぼれは、鍋の中心の水が温められて上昇し、まわりから沈みこむ対流現象により起きます。そこへスプーンを入れると、対流が外から内へと変わり、吹きこぼれを防いでくれるのです。これは、パスタや麺を茹でるときも同じこと。電子レンジでカップを温めるときも、スプーン1本を入れれば、スプーンが蒸気を逃がす役割を果たして吹きこぼれません。

パスタの茹で加減は奥歯でチェック

　パスタをアル・デンテ（麺にわずかに芯があって噛んだときに少し歯ごたえがある状態）に茹で上げるためのポイントを紹介します。

　①湯が沸騰したら麺を広げるように入れる。いったん沸騰がおさまるので、このとき麺同士がくっつかないように軽く混ぜる。②再び沸騰が始まったら、麺が踊る程度の火加減にする。③パッケージに記載されている茹で上がり時間の2分前くらいに麺を1本取り出し、奥歯で噛んで塩味と歯ごたえを確認する。ちょっと芯が残っているくらいが頃合い。たいてい、明記されている時間より1分くらい早く引き上げることになります。

ピッツァが焼けたかどうかは
裏面を見て確認

　ピッツァを焼くときの注意点は、高温のオーブンで、なるべく早く焼き上げるということ。ピッツァの醍醐味はなんといっても生地がカリッと焼けているところです。そのためには、高温のオーブン（250℃くらい）で一気に焼きます。おいしい焼き上がりの目安は底を見て焦げめがつくくらい。低い温度で時間をかけて焼くと、ピッツァに塗ったトマトソースなどの水分が染み込んで、焼き上がりがベタッとしてしまいます。

おいしい揚げ物を作る秘訣は、たっぷりめの油

「油がもったいないから、ウチの揚げ物では1センチしか油を入れない」という声を聞きます。しかし、それでは「揚げ焼き」になってしまい、本当の揚げ物にはなりません。揚げ物は、たっぷりの油で素材が泳ぐように扱うほうがきれいに揚がり、歯ごたえも、色も味もすべてがよく仕上がります。おいしい揚げ物を作りたいのであれば、油はケチらないでください。

揚げ物用の油は、熱いうちにキッチンペーパーで濾してから保存する

使った油の保存のコツは、必ず熱いうちにざるにキッチンペーパーを敷き、細かいカスまでしっかり濾すこと。揚げカスが残ったまま放置すると傷みが早くなってしまうのでやめましょう。濾したらオイルポットや陶器、耐熱ガラスなどの容器に入れ、粗熱が取れてから冷暗所で保管します。

揚げ油をリサイクルすると、酸化が心配という人もいるかもしれませんが、環境やコストのことを考えると、上手く再利したいもの。色が濃くなり、粘りが出たり嫌な臭いを放ったりしていれば、油が古くなったサインなので、それを判断基準にするといいでしょう。

炊飯器の保温機能活用術

　炊飯器の保温機能は煮物料理に便利です。おでんやポトフ、シチューなどは、鍋に材料や調味料を入れてひと煮立ちさせ、炊飯器に移し替えて保温スイッチを入れれば、3〜4時間でおいしい煮物料理のでき上がり。

　炊き上がったご飯に溶いた生卵を回しかけ、約10分蒸らせば、ふんわり炒り卵が、炊飯器に約80℃のお湯を入れ、塩少々と卵を入れて約25分保温すればとろとろ温泉卵が作れます。どのご家庭にもかならずある炊飯器。いろんな調理器具を揃えなくても、さまざまな料理が作れますから、ぜひ研究してみてください。

グリルもトースターもオーブンも、必ず「予熱」をする

　食材を温めたいとき、調理器具を温めるのは必須。たとえば、トースターでパンを焼くときに「予熱ナシ」だと、せっかくのおいしいパンがかたくなってしまいます。低温から加熱していく間に、食材中の水分が飛びすぎてしまうため。パンがまるでラスクのようになり、その後、温度の上昇につれて、ますますかたくなっていきます。予熱をしておけばいきなり高温で、かつ短時間で焼くことになるため、まわりはすぐに焼き固まり、中はホワッとした状態をキープできます。

オーブンの予熱は「焼きたい温度＋20℃」が基本

　オーブンは、扉を開ける度に中の空気が外に出て、約20℃温度が下がります。夏場、高温になった乗用車のドアを何度か開け閉めすることで、車内の温度が下がるのと同じです。「190℃で20分焼きたい」という場合なら、プラス20℃の210℃で予熱を完了させ、焼きたいものをオーブンに入れ、20℃下げてから、「20分」時間設定をして焼くのが正解です。

オーブンシートで焦げつき知らず＆カロリーダウン！

　熱に強いオーブンシートは、フライパンや鍋料理にも徹底活用できます。熱したフッ素樹脂加工のフライパンにシートを敷いて焼けば、焦げやすい魚の味噌漬けや照り焼きも、きれいに仕上がります。普通の焼き魚や餃子でもOK。皮の底にほどよくついた焦げ目が食欲をそそるはず。油を使わずに調理できるので、カロリーダウンにもつながります。

かき揚げは、オーブンシートに
のせて揚げると形よくまとまる

　オーブンシートはお菓子づくりの必需品ですが、意外な活躍の場があります。それが天ぷらを揚げるとき。油に入れた際、バラバラになりがちなかき揚げのタネを、手頃な大きさにカットしたオーブンシートにのせて揚げてみましょう。タネの水分が抜けて表面が固まると、シートは自然に離れ、かき揚げも形よくまとまってカラリと揚げられます。オーブンシートは値段もお手頃で、くり返し使えるのもうれしいところです。

グリルを使用するときは受け皿に
水溶き片栗粉を入れる

　魚焼きグリルを使うときは、受け皿に水溶き片栗粉を入れておくと、グリルが冷めたところで、片栗粉の成分が固まって簡単に洗い流せます。においも取れますし、そのままゴミ箱に入れても構いません。米のとぎ汁や、麦茶、緑茶、紅茶の葉、コーヒーの出がらしなども片栗粉の代わりになります。
　お手入れをさぼって、グリルの網に付着した魚や油の汚れは、クシャクシャに丸めたアルミホイルで網を1本1本ゴシゴシこするときれいになります。

「パンセット」「味噌汁セット」など 朝の食卓に出すものは、 取っ手つきストッカーにまとめる

　忙しい朝など、冷蔵庫に「朝のお供セット」を用意しておくと便利です。「朝のお供セット」とは、朝ごはんに欠かせないアイテムを集めたもの。和食党なら、味噌汁用の「きざみねぎ・味噌・豆腐などの具材」や、ご飯のおかずの納豆、梅干しなど。洋食派なら、トーストに塗る「バター・ジャム・チーズ」や、目玉焼き、スクランブルエッグ用の卵。「シリアル・牛乳・ドライフルーツ」などの組み合わせもいいでしょう。100円ショップなどで売られている取っ手つきストッカーに、毎朝食卓に出すものを入れておけば、一度の動作で冷蔵庫から取り出せます。

定番具材が足りないときは、 お助け食材が味噌汁の具に変身する

　豆腐と油揚げのいつもの味噌汁に、隠し味としてキムチの汁を少量入れるとコクが出ます。トマトを乱切りにして入れると、酸味がきいて、さっぱりした味に。酸味を減らしたいときは、種を取り除きます。ねぎを散らすと彩りがよくなります。洋野菜のレタスは和風とも相性がよく、シャキシャキ感も食欲をそそります。豆腐や卵を加えてもいいでしょう。味噌ラーメンの組み合わせを考えればコーンと味噌の相性は悪くありません。また、バターを少し入れるとコクが増します。ウィンナーソーセージは、キャベツやニンジンと一緒に入れると、和風ポトフのようになります。

家族の「時差あり食卓」は、「出すだけ」「温めるだけ」のセルフご飯で回す

　家族の帰宅時間が異なる場合の「時差あり食卓」を効率的に回すコツは、料理をできるだけ「手間のかからない」状態にしておくこと。刺身やサラダ、冷たいスープ、豆腐や納豆に漬け物、和え物など「出すだけ」で済むメニューや、シチュー、カレー、スープ、煮物など、「温めるだけ」のメニューにします。ただし、味噌汁は何度も火を入れると濃くなるので、あらかじめ薄めに作っておきます。鍋物は、カセットコンロとともに卓上にセットしておけば、帰宅した人から順に、一人鍋という方法がとれます。白菜やニンジンなどの野菜はあらかじめ鍋に入れてだしで煮込んでおき、肉や魚介類は各人が食べる際に冷蔵庫から出す、というやり方がいいでしょう。

いつも温かい味噌汁がほしいときは味噌玉を仕込む

　家族の時間がバラバラな食事は、お湯で溶くだけで味噌汁になる、具入りの「味噌玉」を汁椀に入れておくと喜ばれます。味噌50グラムに適量の削り節と刻みねぎとワカメを混ぜ合わせ、4等分。これをそれぞれボール形に丸め、密閉容器に入れて冷蔵庫に保存しておけば、お湯を注ぐだけでいつでもおいしい味噌汁が食べられます。普通に鍋で作るのにも使えますから、適宜、豆腐や油揚げなどの具を加えて作っておいてもいいでしょう。

ハンバーグのタネを
2週間分のおかずにアレンジ

　ハンバーグの生地は、ほかの料理に利用できます。簡単なものではミートローフ（挽き肉の塊を焼いたり、くん製にしたりした料理）。ハンバーグの生地を型に入れ、中に茹でた卵やニンジンなどの野菜を入れて蒸し、適当に切り分ければでき上がり。このほかにも、スプーン大さじ大に分けてスープの浮き実、団子状にしたものをフライパンで焼き色をつけてソースとからめてミートボール、さらには、メンチカツの具として揚げたり、キャベツで巻いてロールキャベツにして煮込んだり……。ハンバーグを作るとき、多めに生地を作って冷凍保存しておきましょう。

PART4 調理のコツ

【基本の「やわらかハンバーグ」の具の作り方】

ハンバーグは、肉とつなぎの割合によってそのやわらかさが決まってきます。ここでは、おそらく日本人が一番好きな「やわらかハンバーグ」の作り方を紹介します（6人分）。

材料
・肉400グラム（牛7、豚3の合挽き肉）
・玉ねぎのみじん切り200グラム（約1個半、肉の半量）
・パン粉40グラム（2/3カップ、肉の1割）
・牛乳100㎖、卵1個

作り方
① 玉ねぎを色がつかない程度に炒め、冷ます。
② ボウルの中に、肉、炒めた玉ねぎ、卵、牛乳でふやかしたパン粉を入れ、塩、こしょう、ナツメグを適量加えて練りに練る。
※焼いたときに割れないよう、しっかりと材料をつなぐ。

応用メニューの例
・ハンバーグ　　　　　　　　・ミートボール
・ミートローフ　　　　　　　・メンチカツの具
・ロールキャベツの具　　　　・炒め物用の具
・肉団子の具　　　　　　　　・餃子の具
　（スープの浮き実にもなる）　・ミートソースの具

蒸し鶏や魚介のフライは調理途中に
冷凍しておくとあとでおかずに使える

　蒸し鶏や魚介のフライ類は、アレンジがきくように調理の途中の工程で冷凍しておくと便利。蒸し鶏は、蒸して蒸し汁少しと一緒に小分けにして冷凍します。塊で冷凍したほうがおいしいのですが、一度解凍すると足が早いので、お弁当とその日の晩のおかず、さらに翌日のお弁当などに入れて使いきります。

　魚介のフライは、衣をつけたところまでで冷凍。いろいろな種類の魚をまとめて下ごしらえして冷凍しておけば、ひとつのお弁当に2種類の魚を入れるのも簡単です。揚げたあとでカレー粉や青のり・塩をまぶせば、また違った味わいが楽しめます。

天然素材からとった3種類のだしを、
ポット保存して使い分ける

　忙しいときでも、インスタントでは得られないおいしさを味わいたいという方には、3種類のだし（作り方はP.93参照）をポット保存しておくことをおすすめします。3種類とは、うま味を思いっきり味わえる、お吸い物や卵焼き、茶わん蒸し用の「極上だし」、毎日の味噌汁などあらゆる料理に使える「日常だし」、ちょっと味気ないなというときに気軽に使える「魔法の昆布水」です。これらをポットに用意しておけば、忙しい朝やくたくたに帰ってきたときなどでも、素材のおいしさ、深みを感じられる料理を作れるはずです。

3種のだしのとり方

【極上だし】

①湿らせた昆布の表面をキッチンペーパーでサッと拭き、キッチンバサミで5センチ幅の切り込みを入れる。

②鍋に、水と昆布を入れて弱火にかけ、沸騰する直前に昆布を取り出す。昆布は、水1リットルに対し20グラム。

③沸騰した鍋に少量の水を加え、そこに鰹節30グラムを入れる。

④再び沸騰したところで火を止め、アクを取る。

⑤ボウルとざるを重ねて置き、ふきん、またはガーゼ等の布を使って鰹節を濾す。雑味が出ないよう、布は絞らない。

【日常だし】

①「極上だし」の①〜②と同じ手順で昆布だしをとる。水1リットルに対し、昆布は5グラム。

②鍋が沸騰したら、鰹節を入れて火を止め、5〜6分おく。水1リットルに対し、鰹節は40グラム。

③「極上だし」の⑤と同じ方法で鰹節を濾す。

【魔法の昆布だし】

①水1リットルに対し、昆布は30グラム。「極上だし」の①と同じ方法で昆布に切り込みを入れる。

②ポットに水と昆布を入れ、冷蔵庫に一晩おいたあと、昆布を取り出す。

お弁当に使える冷凍食品ベスト4は、シーフードミックス、ポテトスナック、弁当用パスタ、アボカド

セルフで行う冷凍ストックもいいのですが、市販の冷凍食品を使うのもとても便利です。「毎日のお弁当作りが大変」という方におすすめしたいのが、次の4品目です。

①**シーフードミックス**：多種類の海の恵みが手軽に楽しめます。

②**ポテトスナック**：特にキャラクターの顔形に成形された商品は子どもに人気。

③**弁当用パスタ**：1口サイズのパスタで、自然解凍でも食べられる（自分で作ったパスタを冷凍して解凍すると、霜が入りがち）。

④**アボカド**：解凍しても変色しない、カットタイプのもの。季節を問わず入手できるのが魅力。

レトルト玄米、カレーの缶、冷凍うどん、パスタ乾麺が、4大優秀レトルト食品

　レトルト食品を使うことに抵抗のある方もいらっしゃるかもしれませんが、私は「すぐに使えるおいしい食品」と自分なりの定義をして活用しています。たとえば「1人分の炊きあがった玄米」がパックされたレトルト食品は疲れたときの味方。いなば食品の缶詰「タイシリーズ」では、グリーン、レッド、イエローなどエスニックなカレーを一瞬で再現できます。冷凍うどんはしっかりコシもあって美味。パスタの乾麺はロールキャベツの煮汁や、「残り物のカレーをチキンブイヨンで溶いたもの」にインして煮詰めれば、あっという間にスープパスタの完成です。

野菜の端っこは、みじん切りや千切りにして保存

　料理で野菜の端っこが出たら、とりあえず、みじん切りや千切りにして保存します。そうしておくと、急に「チャーハンが食べたい」と言われたときにささっと作れるし、こま切れ肉があれば、包丁を使わずに野菜炒めが作れるので便利です。

　保存がきくように、しまうときは保存容器の内側に食品用アルコールを吹きかけ、乾燥させます。容器に入れたあとにスプレータイプのオイルや酢を表面にかけてもいいでしょう。それだけで冷凍しなくても3〜4日もちます。野菜のみじん切りが冷蔵庫にあるだけで、ひとつ下ごしらえを終えている感じがして、心にゆとりができますよ。

台所のパワーのめぐりを
加速させる2つの方法

　ハッピーサイクルの回転をもっともっと加速させたい。

　そう思ったときこそ、少し立ち止まり、次の2つの方向から自分を見つめ直してみましょう。

　ひとつめは「台所でいつもストレスに感じていることは何か」

「実は、あまり気に入っていないしょうゆを、ムリに使っている」

「引き出しのすべりが悪くて、気になっている」

　こうしたストレスのもとは、早めに改善するべきです。でないと、ハッピーサイクルの回転にブレーキをかけてしまいます。

　2つめは「どんな自分になりたいのか」

「共働きで忙しいけれど、休日には子どもとゆっくりおやつを作りたい」

「朝はお弁当作りを手早くすませて、好きなパンをゆっくり食べ、笑顔で家族を送り出したい」

　このようなビジョンは、具体的であればあるほど、ハッピーサイクルを回すための良質な「燃料」になります。いまの

自分とかけ離れた姿でもOK。大切なのは、本当の気持ちに気付く努力を重ねることです。

　もちろんはじめから「完璧なハッピーサイクル」を目指す必要などありません。

　65ページに掲載したサイクル図の中で「自分が手をつけられそうなゼロ化」から着手するのでもかまいません。

「行動が気持ちを変えてくれる」

「気持ちが行動を変えてくれる」

　これらは、常に表裏一体のもの。どちらが先でもよいので、まずはそうした流れを意識することから始めましょう。

　台所を高めるのに、特別なお金を注ぎ込む必要もありません。

　いま本当に必要なものは何か、どこに何があったら動きやすいのか、台所を自分好みにブラッシュアップしていくのは、コツさえつかめば誰にとっても簡単なことです。

　どんなにコンパクトな台所でも、探せばデッドスペースは見つかります。調理器具を厳選すれば、作業用のスペースは確保できます。

　食材選びについても同じことが言えます。「グルメ食材」ばかりを追いかける必要はありません。たとえばブランド和牛をわざわざ買わなくても、輸入肉の赤身をおいしく調理して本当に大切な人とゆったりと味わうほうが、ある意味「極上の食事＝食時」になるのです。

PART

5

味付けのコツ

味付けは、単純に味を足したり引いたりするだけで
決まるものではありません。さまざまな味や風味が
化学反応を起こして総合的に「おいしい!」となるのです。
でも難しいと思わなくて大丈夫。
簡単な法則さえ覚えれば、
すぐにひと味違うおいしさを作れるようになります。

味付けは、具体的な「数字」より「比率」で大きくとらえる

　何度同じ料理を作っても、味付けを失敗するときがあるという人は、割り切ってレシピ通りに作るのがひとつの解決法。ですが、「しょうゆ何ccに対して塩何サジ」のように、数字で覚えようとすると暗記が大変ですし、その度にレシピを確認するのも面倒です。

　そこでおすすめしたいのが、細かい数字ではなく、ざっくりと比率で覚えるという方法。たとえば、肉料理にも野菜料理にも合う万能つけだれなら、「砂糖1：しょうゆ2：酢2：油2」といった具合。これくらいの数字でしたら、かんたんなメモにして冷蔵庫などに貼っておくだけでいつでも確認できます。

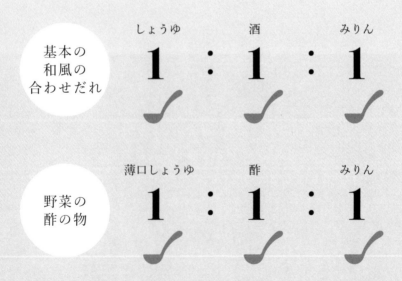

「もっとこういう味にしたい」を
実現するには
調味料の大まかな原則を知ること

「もっと濃い味にしたい」「コクのある味がほしい」など、漠然と感じた味覚の物足りなさを解消するには、その味を形容する言葉とぴったり合う調味料を的確に選び出すことが大切です。下の表を参考に、大まかな原則を覚えておきましょう。

【味付けの基本原則】

求める味	使用する調味料
濃い味	しょうゆ
甘い味	砂糖
コクのある甘さ	はちみつ
キレのある甘み	酒
甘辛い味	焼き肉・焼き鳥のたれ
うま味	だしの素
辛み	唐辛子、ペッパーソース、こしょう、からし、豆板醤
さっぱりとした味	酢
まったりとした甘み	みりん
深みとコクのある味	オイスターソース

よく炒めた玉ねぎを料理に加えると
砂糖を入れなくても甘くなる

　生で食べると辛い玉ねぎにも、元々甘み成分が含まれています。よく炒めると甘くなるのは、加熱することで辛み成分が揮発し、さらに水分が飛んで甘みが凝縮するからです。しかも、その甘さはトマト以上で、イチゴに匹敵するほど。スープやカレーなどを甘くしたいときは、玉ねぎをよく炒めてください。それだけで、砂糖を入れなくても十分に甘くすることができます。

酸っぱいものには「甘み」をプラス

　酸味の強いコーヒーに砂糖を入れると酸っぱくなくなるのと同じ理屈で、酸味を緩和するには、甘みを足すのが最良の方法です。たとえば、酸味が強いと感じた酢豚や、トマト缶をベースにしたスープなどには、トマトケチャップや砂糖、はちみつなどの甘みを加えましょう。

辛すぎたら「甘み」ではなく
「酸味」を加える

　激辛のラーメン店や激辛麻婆豆腐のお店などでは、テーブルの上にお酢が置かれています。これは、酸っぱいものが好きな人のためにというわけではなく、辛みをまろやかにするためのもの。意外かもしれませんが、「辛い」には、甘みではなく酸味をプラスするとバランスが取れます。

苦い野菜は「味噌」を加えるとマイルドに

　ふきのとうや、ピーマン、ゴーヤなどの苦い野菜には、下味に味噌で甘みを加えると苦みがマイルドになります。たとえば、ピーマン嫌いのお子さんにはピーマンの肉詰めや、青椒肉絲（チンジャオロース）には小さじ2分の1程度の味噌を加えたり、ふきのとうもごま味噌和えなどにしたりすると、食材の苦みをマイルドにしてくれます。

塩を入れすぎたらお酢を入れてまろ味へ

　塩味がきつすぎる場合にやってしまいがちなのが、砂糖を足すこと。もちろん、塩味はやわらかくなり甘くなりますが、味がくどくなりがちです。しょっぱすぎるものには、酸味をプラスするのが正解です。たとえば、だしと塩だけでじゃがいもを煮たときに、塩を入れすぎてしまったら、ほんの少しお酢を加えることで、塩味が緩和してまろ味へと変化します。

冷たい料理は塩水で味を調える

　冷たい液体に塩は溶けにくいもの。たとえば冷製スープに塩を加えるとき、すぐに味は決まりません。だから「あとからとても塩辛い!」という失敗も多くなりがちです。そんなときは、塩を湯で溶いた「塩水」を少しずつ加え、塩を素材にすぐになじませてから、味見をしましょう。なお、塩をお湯で溶く際に、お湯の量が多すぎると素材の味が薄まりすぎるので、「お湯:塩」は「1:1」がベストです。

ストックしておく油は
オリーブオイル、ごま油、米油の3種類

　食用油は何十種類もありますが、クセの強い油は使用範囲が限られてしまい、なかなか使い切れるものではありません。収納スペースを考えても、たくさんの油をストックしておくのは大変。私の場合、オリーブオイル、ごま油、米油の3種類しか使用していません。

　洋食限定と思われがちなオリーブオイルも、実はしょうゆと組み合わせると絶妙な味わいに。野菜の煮つけ、冷ややっこ、肉じゃが、酢の物などに使えます。ごま油は、中華全般のほか、これも和食でさまざまな活躍をしてくれます。米の糠や胚芽を原料とし、コレステロールを下げてくれる米油は、菜種油より酸化に強いという性質があり、揚げ物のほか、生のままドレッシングなどで使うのに向いています。

バターを炒め物に使うときは、
他の油と半々にすると焦げつきにくい

　バターを使って材料を炒めるときには、バターと他の油（料理に合わせて米油やオリーブオイルなど）を半々にすると、バターの風味をつけつつ、同時に焦げにくくもなります。なお、使い終わったバターは、銀紙の包装紙できちんと包んで冷蔵庫に保存しましょう。バターはにおいを吸収しやすく、また、酸化しやすいので、極力外の空気と触れないよう、包装紙に包まれているのです。

少ないこしょうで
手早く最大限の効果を出すには、
細かく挽けるペッパーミル

　洋食や中華の炒め物に使われる香辛料の中で、もっとも代表的なのがこしょうです。辛さは、黒こしょうが一番で、主に肉料理に使いますが、たとえばフランス料理では、肉料理でも白こしょうが多く使われます。いずれにしても、こしょうの成分は揮発性が高いので、少ない量でも風味を手早く効果的に活かすには、挽きたてが一番。細かく挽けば挽くほど辛くなるので、用途の広さや辛みの効果を考えれば、挽きの粗さが調節できるツマミのついたペッパーミル（こしょう挽き）がおすすめです。

食材との相性を考える
スパイス&ハーブの基本原則

　料理にスパイスやハーブを加えると、香りや辛み、彩りが増して食欲をそそります。これらの効果を的確に引き出すには、食材と相性のよいものを選び、適切な方法で加えるのが原則です。洋風の煮込み料理ならローレル（月桂樹）、挽き肉料理ならナツメグといったようにそれぞれ特徴がありますから、まずはパッケージの説明書きなどを参考にしてみてください。ハーブはちぎったり軽く揉んだりしてから加えると、風味が出やすくなります。いきなりたくさん入れてしまうと効果が強すぎるので、少量ずつ加えるようにしましょう。

ハーブ選びに迷ったときは、
ミックスハーブ一本で解決

　肉料理から魚料理、ラタトゥイユまで、日常的に作る料理の風味にグッと深みを与えてくれるのが、セージやタイム、オレガノといった各種のハーブです。料理によって使い分けるのが原則ですが、いろんな種類を揃えるのは大変だし、使いきれないうちに風味が落ちてしまうのも難点。そう思っている人におすすめしたいのが、一瓶あれば大抵の洋食が引き立つミックスハーブです。私は「エルブ・ド・プロバンス」という、タイム、セージ、フェンネル、ローレル、ローズマリーがミックスされたタイプのものを使っていますが、国産メーカーもいくつかあり、入手はさほど難しくありません。

マヨネーズは、料理油の代用と
隠し味を同時に兼ねるすぐれもの

　ハムやベーコン、野菜などを炒めるときにサラダ油の代わりにマヨネーズを使うと、ふんわりした酸味が具の味を引き立てます。さらに黒こしょうを振ってもよいでしょう。また、卵を混ぜるときに、少量のマヨネーズと小麦粉を加えると、やわらかくてジューシーな卵焼きになります。小麦粉が型くずれを防いでくれるので、お弁当に入れるときに便利。スクランブルエッグもマヨネーズをサラダ油代わりに使えます。ちなみにマヨネーズは高温だけでなく低温にも弱く、冷蔵庫に入れておくと分離して風味が落ちてしまうので、夏場以外は日の当たらない涼しいところに保存するとよいでしょう。冷蔵庫に入れる場合も、奥ではなくドアポケットに入れます。

「昆布水」を、解凍水、
鍋料理のベースなどに使って
料理をワンランクアップ

　通常、だしは火にかけた鍋で煮出しますが、「昆布水」は水1リットルに対し、昆布30グラムをガラスポットなどに入れて一晩おくだけでできる簡単だし。雑味が少なくて、うま味も煮出しただしに負けないので、冷凍の魚介類の解凍水として、また、カレーやシチュー、スープ類などで水代わりに使うと料理の味がワンランクアップします。また、昆布水をそのまま飲むだけでもおいしく、ダイエットにも最適。冷蔵庫なら2週間はもちます。

みかん缶のシロップは捨てないで
グラッセ、煮込み料理の隠し味に

　みかん缶のシロップの活用法をご紹介しましょう。お菓子の甘味料は誰でも思いつきそうですが、ちょっと意外なところでは、ニンジングラッセに使えます。千切りしたニンジンをバターで炒めたら、みかん缶のシロップにスープの素を加えて煮るだけででき上がり。ニンジン特有のにおいが消え、フルーティーで食べやすくなります。カレーやシチューの、コクやマイルドさを出す隠し味としてもばっちり。割り入れたルウが溶けたら、とろみの加減を見ながら少しずつシロップを加えましょう。

無糖ピーナッツバターは万能調味料

　無糖ピーナッツバターはパンに塗るだけじゃもったいない。練りごま感覚で使いましょう。バンバンジーのソースや坦々麺などにもってこいです。味に奥行きと複雑さ、濃厚さを加えることができます。また、ラー油やだし、麺つゆなどを加えると、「ピリ辛そうめん」のつけ汁に変身。ナンプラーと合わせれば、タイやベトナム風のタレ（ドレッシング）にもなります。豆乳と合わせて葛粉で固めると、沖縄名物「ジーマミー豆腐」の完成!

カレーの辛みを増すには豆板醤、
甘みを増すには粉末コーンスープか
ココアの粉末を加える

　レトルトカレーの甘口を辛口に、甘口を辛口にするワザを
ご紹介します。マイルド系のカレーを辛くするには豆板醤（ト
ウバンジャン）を加えます。唐辛子でも辛くなりますが、豆
板醤はうま味も加えてくれるのでおすすめです。逆に辛口を
甘くしたいときは、粉末のコーンスープを足すとコーンの甘
みがカレーの辛さを抑えてくれます。さらに、コクとうま味
をアップさせたいときは、ココアの粉末を入れるといいでし
ょう。いずれの場合も、味見をしながら少しずつ入れて調整
することが大切です。

市販のレトルトソースには
ワインをちょい足しするべし

　レトルトのミートソースやシチューは、一般に甘めのもの
が主流。これに、ワインを「ちょい足し」すると、深みとう
ま味がぐっと増します。方法は簡単。鍋に50〜100ccのワイ
ンを入れ、鍋底にうっすら残る程度まで煮詰め、そこにレト
ルトを開けて溶かすだけ。ホワイトシチュー、トマトソース、
魚介パスタソースなどには、白ワイン。ビーフシチュー、ミ
ートソースなどには、赤ワイン。これが理想的な組み合わせ
です。

安い牛肉の味を劇的に変える方法

　安い肉でもひと手間加えるだけで味がアップする方法があ
ります。ごま油とおろしにんにくを適量、それに塩少々をま
ぜたものを肉にまぶして10秒ほどもんでから焼くと、安く
て少々かたい肉もおいしくなります。また、肉に塩こしょう
したあと、片栗粉を薄くまぶし、少し置いてから、余分な粉
をはらって焼くとジューシーになります。ほかにも、肉をビ
ニール袋に入れ、大根おろしの汁に漬けてもみ、30分ほど
浸してから焼くと、これもまたジューシーに。意外なところ
では、肉を10分間ほどコーラに浸して焼いたりコーヒーに
入れるフレッシュミルクを塗ってから焼いたりすると、かた
い肉がとてもやわらかく仕上がります。

簡単に手作りできる塩ヨーグルトを、
サラダのドレッシングや浅漬けの素に

　塩ヨーグルトの活用術を紹介します。作り方は、無糖のプ
レーンヨーグルトに塩少量を振りかけて混ぜるだけ。プレー
ンヨーグルト400〜500グラムに対して塩は小さじ1杯ほどです。
この基本の塩ヨーグルトにレモン汁を小さじ2杯加えると、
グリーンサラダや生野菜サラダのドレッシングになります。
また、プレーンヨーグルト450グラムに、塩小さじ3杯を混ぜ、
密閉容器に入れて野菜を漬けて冷蔵庫でひと晩寝かせれば、
おいしい浅漬けができます。隠し味として塩ヨーグルトにこ
ぶ茶を小さじ1杯加えると、味に深みが増します。

卵焼きは卵1個に大さじ1のだし汁が基本

　厚焼き卵をふっくら作るには、卵をかき混ぜすぎず、白身は箸を何度か左右にシャシャッと動かしてすくい切るように、黄身は2～3回軽くかき混ぜる程度にとどめるのがポイントです。混ぜすぎるとコシがなくなり、フワフワ感が出なくなります。逆に、薄焼き卵はよくかき混ぜるのがコツ。卵液が均一になっていないと焼いている途中でデコボコができて、切りにくくなったり、破れやすくなったりします。だし巻き卵は、だし汁が多すぎたり足りなかったりすると台無しになります。Mサイズの卵1個に対して、だしは大さじ1くらいがちょうどいいでしょう。適量の片栗粉をだし汁に溶き混ぜれば、形もまとまりやすく、きれいに仕上がります。

飲み残しアルコールは万能調味料になる

　飲み残しのビールは意外に使い勝手がいい調味料になります。たとえばビールに塩と砂糖を加え、ビニール袋や保存容器で野菜を漬け込むビール漬け。2～3日目から味がなじみ、アルコールもすっかり抜けて、あっさり味のピクルスになります。また、わさび漬けや辛子漬けに少しビールを足しても、味がやさしくまろやかに。また、甘み成分が加わった缶チューハイを煮詰めていくと、糖分がキャラメル化してとろみが出ます。肉や魚を炒めたフライパンで缶チューハイをとろみがつくまで煮詰め、塩、こしょうで味を調えれば、フランス料理風の極上つけあわせソースができ上がります。

ジャムは煮込み料理の救世主

　レストランにもジャム煮のメニューがあるほど、ジャムは煮込み料理の隠し味として活躍しています。和風の味噌やしょうゆとも相性がいいので不思議。サバの味噌煮やブリの照り焼きにジャムを少しだけ加えると、照りやとろみもきれいについて、味がまろやかになります。甘酸っぱい鶏のマーマレード煮も絶品。使用するジャムは甘いものより少し酸味の強いマーマレードジャムや梅ジャムのほうがおいしくでき上がります。

「調味料切れ」でもあわてない、
置き換えテクニック

「みりんを買い忘れた！」「豆板醤がない…」など、いざ使おうと思っていた調味料を切らしたことに気づいても、すぐコンビニへ走ることはありません。たとえば、みりんなら「砂糖1：酒3」、豆板醤なら「味噌大さじ1＋一味唐辛子小さじ1＋ごま油適量＋しょうゆ適量」で、それらしい味になります。料理のソースとして使う生クリームなら「牛乳＋溶かしバター」です。基本調味料の「さ・し・す・せ・そ（砂糖・塩・酢・しょうゆ・味噌）」以外なら、大抵こんな調子でなんとかなるのは、どれも、基本調味料を含むいくつかの調味料の組み合わせでできているから。その調味料の成分を思い出して（場合によっては空の瓶のラベルを点検して）、他の調味料の組み合わせで代用できないかをまず検討してみましょう。

台所のアップデートが、
家族を幸せにしていく

　台所は、あなたが生きている限り、どこまでも、いつまでも進化させ続けることができます。

　なぜそういうことがいえるのかといえば、私自身が実際に経験したことがあるからです。

　数年前、私は家庭の事情により、一時的に築50年の戸建てに仮住まいしました。その戸建てについていたのは、文字通り昔ながらの「日本の台所」です。

　窓は北向きだったため、暗く、寒く、収納もほとんどない極小スペースでした。そこで諦めていたら、そこはただストレスをもたらすだけの場になっていたことでしょう。

　でも、私は決してあきらめませんでした。調理器具の「リストラ」を決行したおかげでそれまでの無駄が省かれ、私の台所は精鋭揃いとなりました。

　身近な収納グッズもふんだんに活用し、「動きやすい動線」を作り出した結果、小さな作業場はまるで飛行機のコックピットのようにコンパクトで機能的なものになりました。飛行機の操縦士が大きく体を動かさなくてもたくさんのパネルを

操作することで自在に方向転換が可能なように、私の作業もぐんと効率がアップしました。

　見事に使いやすくなった「古くさい台所」は、こうして私の"パワースポット"と化したのです。

　息子のための毎日のお弁当作りは楽しく、そのうえ仕事までうまくいき、家族からは「おいしい！」という喜びの声をたくさんもらうようになりました。

　どんな状況になっても、台所のアップデートを楽しむ姿勢は必要なのです。

　家族と同居している場合、それぞれのライフステージによっても、台所事情は目まぐるしく変わります。

「幼稚園に入園してお弁当が必要になった」
「小学生のお兄ちゃんが、急に食べ盛りになった」
「娘が嫁いで、めでたく家を出ていった」

　これらの状況を考えれば、たとえ引っ越しをしなくても、台所をアップデートするクセをつけることが、生きていくうえで必須だということをご理解いただけるでしょう。

　そして、あなたの台所からハッピーサイクルを回せるのは、いまこれを読んでいるあなただけなのです。

PART

6

保存のコツ

冷蔵庫が整理されていてものが取り出しやすく、
残量のチェックがしやすくなっていると、
台所しごとは格段にラクになります。
勇気を出して冷蔵庫の中身を取り出してみましょう。
「見やすい」「取り出しやすい」「掃除しやすい」
これが冷蔵庫収納の鉄則です。

肉や魚はチルド室、卵は目線より低い場所、
食材の特等席はそれぞれ異なる

　食材を冷蔵庫内で保存するときは、種類ごとに適切な場所、適切な方法を選択することが大切です。肉・魚・ハムやソーセージの短期保存はチルド室。保存の際は、水分がもれないようにしっかりと袋を密閉してください。バターやチーズなどの乳製品もチルド室ですが、においがつきやすいので、脱臭剤は必須。卵は専用のポケットが備えつけられていない場合、市販のケースに入れて取り出しやすいところに置きます。目線の高さよりも低い場所に置くのが、割れるリスクを減らすポイントです。

冷蔵庫の中身は使用頻度の高いものを
取り出しやすい場所で保存する

　毎日食べるお漬け物や、朝食に欠かせない卵や牛乳、バターといった使用頻度の高い「1軍」は、庫内の手前部分やドアポケットに収納するのが原則です。私の場合、一番取り出しやすいところには「朝のお供セット」（朝ごはんに欠かせないアイテムを集めたセット。右図参照）を入れています。たまにしか使わない特殊な調味料や乾物などがあれば、それは「2軍」の扱いで箱などにまとめ、冷蔵庫の上の段や奥にしまいましょう。ただし、置き忘れを防ぐために、箱に油性ペンやシールなどを使って、何が入っているのかわかるように書いておきます。

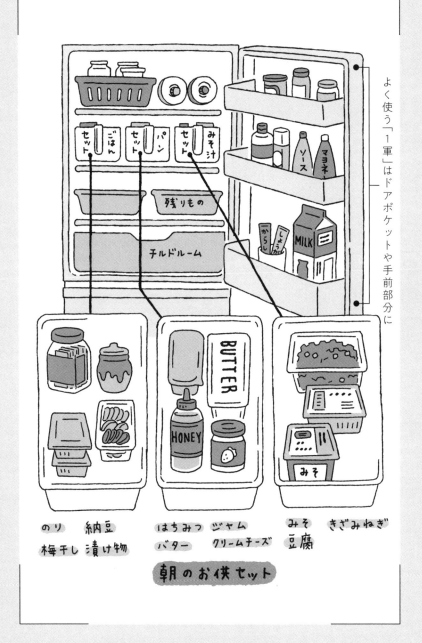

【冷蔵庫の配置例】

119

野菜は「立てる」「まとめる」で
新鮮なまま使い切る

　キュウリやアスパラガス、小松菜、長ねぎ、ほうれん草など、縦に長い野菜は「立てて」保存すると、場所も取らないうえに長持ちします。上手に立てられない場合は、ペン立てや半分にカットした牛乳パック、ブックスタンドを利用するとよいでしょう。カットした生姜やにんにくなどの薬味類は小さくてバラバラになりやすいので、プラスチック容器に入れてまとめるといいでしょう。ニンジン1／3本や、玉ねぎ1／2個など、使いかけ野菜も、プラスチック容器などに入れて、「早く使い切りたいコーナー」ともういうべき、一番目立つところに置きます。

保存法次第で、
野菜の寿命は1週間延ばせる

　買い出しの回数を抑えたいと思ったら、できるだけ食材を長持ちさせるために、育った環境で保存することと、水分の蒸発を抑えることを心がけましょう。育った環境とは、たとえばじゃがいものような根菜類なら、土の中で育つので、ほかの野菜よりも少し高めの温度で保存することが必要になります。買ってきてそのまま野菜室へしまわず、折込チラシなどで包んでから収納するようにします。地面からまっすぐ生えていた葉物は、立てて保存すればOKです。その他、葉物に代表される水分が抜けてしおれやすい野菜は、さらにジッパー付き保存袋に入れて保存することで、水分の蒸発を防げます。

切り身魚は立て塩保存が
おいしい（水1カップに塩小さじ1）

　買ってから調理を翌日以降に後回しにする食材は、「立て塩」に入れておけば大丈夫。立て塩とは、水1カップに対して塩小さじ1杯くらいを入れた、海水よりやや薄い辛さの塩水のことです。一般には、身の薄い魚の切り身やアジの開きなどの下味として用いますが、鮮度を保つのにも使えます。たとえばアジの開きなら、流水で残った内臓や血合いを水道水で洗い流し、キッチンペーパーで水気を取り除いたあと、立て塩につけ、そのまま冷蔵庫に置いておきます。調理するときは、もう一度キッチンペーパーで水気をしっかり拭き取りましょう。

牛乳パックを肉切り用のまな板や
揚げ物を取り出しておくための
バットとして活用する

　牛乳パックにはさまざまな活用方法があります。きれいに洗って乾かし、はさみで切ってから広げるとまな板代わりに。鍋やフライパンのサイズに合わせて適当な大きさの板状にすれば、カレーやシチューを作ったあとのこびりつき汚れを落とすのに便利。揚げ物も、切って広げた牛乳パックに載せれば、使用後そのままゴミ箱へ。牛乳パックの中に、新聞紙やキッチンペーパーを詰めて冷ました廃油を注ぎ、開口部をガムテープなどで閉じれば、可燃ゴミとして捨てることもできます。※ゴミ出しは各自治体のルールに従ってください。

「在庫チェック」は記憶に頼らず、
冷蔵庫の中身を全部出して確かめる

　冷蔵庫の開け閉めはできるだけ短時間のほうが、家事がスムーズにはかどります。それには、冷蔵庫が「見やすい」「取り出しやすい」「掃除しやすい」ことが必須条件。まずは一度、冷蔵庫の中身をすべて出してみましょう。面倒かもしれませんが、そうすることで、無駄な在庫に気づき、次から無駄な買い物をせずに済みます。また、よく使うものが奥にしまわれていたり、気づかないうちに汚れていた部分を発見したりと、長い目で見たら得になることが多いのです。問題点を把握して、その後の収納プランに活かしましょう。

冷凍庫で保存する食材は
フリーザーバッグを使い立てて保存する

冷凍庫に食材を保存するときは、それぞれをフリーザーバッグに入れ、立てて置きましょう。スーパーで買ったままのトレイでもフリーザーバッグでも、積み重ねてしまうとすぐ、どこに何があるかわからなくなります。立ててあれば、本棚の背表紙と同じ感覚で、何がどこにあるか、一目でわかります。

冷凍庫は6分割して、
それぞれの定位置を守るのが基本

冷凍庫内に立てて保存するフリーザーバッグは、種類ごとに分けておくと、さらに探しやすく便利です。分類は、①肉、②魚、③手作り総菜・下ごしらえ野菜、④市販の冷凍食品（野菜類）、⑤市販の冷凍食品（肉類）、⑥パン・ごはんの6つ。ブックエンドを使って庫内を6分割して収納するだけでOK。「あの冷凍品どこだっけ?」が激減します。

冷凍前に肉は小分けする、
葉野菜は茹でるのが原則

　肉は、空気に触れる部分が多いと劣化しやすくなるので、トレイのまま冷凍してはいけません。100グラム（握りこぶし約ひとつ分）ずつ小分けしてラップにくるみ、ジッパー付き保存袋に入れて、購入日と消費期限を油性ペンで記入します。

　小松菜やほうれん草など葉物野菜は、塩茹でして水を切り、ラップに包んでジッパー付き保存袋に入れます。万能菜を作ったり、食材を多めに下ごしらえしたときは、清潔な密閉容器や密閉用保存袋に入れてストックしておきましょう。玉ねぎなど、使用頻度の高い食材はまとめて刻んでおくなど、食材ごとに容器や袋を分けて保存すると、冷蔵庫といっしょに頭の中も整理され、食材を賢く使い切ることができます。

パンは即日冷凍がおいしさを保つ秘訣

　パンは買ってきたその日が最も香り高く、おいしいもの。翌日になると風味が飛び、食感も損なわれてしまいます。ですから、自作したり買ってきたりしたら、すぐに、「小分け冷凍」をしておいしさを閉じ込めましょう（これは白米にもあてはまります。炊き上がったらすぐ冷凍、が原則）。温め直すときは、軽く水を霧吹きしてトーストすると、食感もサクッとおいしく仕上がります。

生卵を冷凍すれば2つの目玉焼きに変身!

　小さな目玉焼きはお弁当に重宝します。生卵を冷凍しておけば、1個の卵から2個の目玉焼きが作れます。タネは簡単。①生のまま冷凍し、凍った卵を包丁で半分に切る。②それぞれ切断面を下にして油をひいたフライパンに置き、焼きながら殻を取る。あとは、いつものように焼けば小さな目玉焼きが2個でき上がり。

冷凍木綿豆腐は保存もきく。
鶏肉そっくりの便利な食材

　重しをして水を切った木綿豆腐をキッチンペーパーに包み、
保存袋に入れて冷凍しておくと、いざというときに便利です。
しかも豆腐としてではなく、鶏肉モドキとしても楽しめます。
冷凍した豆腐の解凍には、レンジが手早く簡単。このとき出
た水分はこぼし、お皿などを重しにしてさらに1時間以上し
っかり水抜きします。すると、さっきまで豆腐だったものが、
なんと鶏肉風に。タレをかけてもよし、から揚げにしてもお
いしくいただけます。

弁当のおかず冷凍は、
クリアケースを活用する

　手作りのおかずを冷凍保存するには、一食分ずつアルミカ
ップに小分けします。これを、冷凍庫の引き出し部分に並べ、
まとめてフリージング。十分固まったら、カップの高さがち
ょうどぴったりの透明ケースに入れておくと便利です。全体
を見渡せるうえに取り出しやすいので、食べ忘れもありませ
ん。私は100円ショップで売っている高さ5センチのプラス
チック製ケースを愛用しています。同じ形のケースを複数揃
えておけば、重ねて置けるので場所もとりません。

冷蔵庫で保存する必要がなく、ほぼ毎日使う調味料はコンロ付近の特等席に配置する

　調味料を最初からあれこれ揃えようとすると、使いきれなくて無駄が出てしまいます。まずは週3回以上使う調味料を揃え、それらを手に取りやすい場所に配置してください。多くの家庭で必須の調味料といえば、砂糖・塩・酢・しょうゆ・味噌・みりん、それに、中華や洋風の粉末あるいは固形だしでしょう。そのうち、冷蔵庫で保存するしょうゆと味噌は、庫内の取り出しやすい手前やドアポケットに収納。その他の調味料をコンロ付近に配置するのがベストです。

COLUMN

個別のレシピよりも
普遍の"台所術"を
マスターすることが大切

　前のコラム（P.114-115）で、私はどんなに古く小さな台所でもアップデートは可能であり、それをすることで毎日の料理が楽しくなり、家族関係も仕事もどんどん良好になっていくという意味のことを述べました。

　ところが、このお話を料理教室の生徒さんに対してしたときに、こんな質問をいただきました。
「高木先生が、台所にまつわることを苦もなくこなせるようになったのは、お母さまの教えのおかげでしょう？　つまり、もともとのスキルが高かったんですよ。そんな特別な人にしか、ハッピーサイクルなんて回せないのではないでしょうか。私は母から何も教わってきませんでした。だから、いまからどんなに頑張っても、そこまでのレベルに到達できそうにありません」

　そんなふうに言われて、私はかえって光栄に思いました。私のことを、台所スキルが高いと思ってくださっているわけですから。
　でも、残念ながら、その生徒さんが思うほど私のスキルが

特別に高いわけではありません。たしかに、母から教わった
ことはいくつかありましたが、ほとんど活かしきれていませ
んでした。以前、「お稲荷さんを作るときの調味料の配合比」
などが詳しく解説された本を母から渡された記憶はあります。
でも、個別の料理を上手に仕上げるためのレシピなら、現代
はインターネットなどを通じてかんたんに入手できます。

　いま、大切なのは、そうした個別の料理の作り方を教わる
ことよりも、普遍的かつ時代に合った"台所術"を身に付ける
ことだと私は考えます。
　そして、それは、何歳からでも、思い立ったその日から、
独力で獲得できるものです。

　　心が変われば行動が変わる
　　行動が変われば習慣が変わる
　　習慣が変われば人格が変わる
　　人格が変われば運命が変わる
　　By　William James
　　　　（アメリカを代表する哲学者・心理学者の一人）

　まずは本書を開いていただき、興味のある項目をひとつで
もいいので、試してみてください。それをきっかけに「台所
での習慣を変えてみたい！」そんな気持ちになってもらえた
ら、あなたの台所も人生もうまく回り始めることでしょう。

PART

7

片付け・収納のコツ

調理器具や食器は、どんな順序で洗っていますか？
実は洗う順序を変えるだけで時間が節約でき、
洗い上がりもキレイになります。
そして頭を悩ます台所道具の収納ですが、
「水まわり・火まわり」に分けて、
調理をするときの動きに合わせてしまうのがポイントです。

使用済み調理器具の洗い物は、
「3つのタイミング」に限定する

　使用済みの調理器具や食器を洗うタイミングは、①鍋を火にかけている最中など手が空いたとき、②手を洗うとき、③食材を洗うとき、以上の3つ。どれも、洗い物をするためにわざわざ時間と手間を取らないで済ますことがポイントです。

シンク内に積み上がった洗い物は、
食前に一気に片付ける

　調理中に「3つのタイミング」で少しずつ洗い物をしておけば、調理完了後に出る洗い物はわずかです。仮にまだたくさん残っていたとしても、食前にすべて洗い、水分も拭き上げてしまいましょう。いつまでもシンクに残しておくと、食後にする洗い物の効率が落ちてしまうからです。

洗剤は張った水の中に垂らし、
そこにスポンジをつけながら使う

　食器洗いのスポンジに洗剤を直接しみ込ませると、洗っているうちにたいてい泡切れを起こし、その度に足していかなければなりません。これだと手間も洗剤も無駄になるので、つけおきが必要な容器（鍋やボウルなど）に水を張って洗剤を垂らし（水2分の1カップに対し洗剤ボトルから1プッシュ程度の量）、その中にスポンジを浸しながら使うことをおすすめします。こすっているうちに洗剤が足りなくなっても、洗剤入りの水にさっと浸し直せば一瞬で洗浄力が復活します。

食器洗いの順序は
コップ類→大きな物→小さな物
→油がついた物

　食器洗いは次の順序で。手ごわい油汚れに向き合うのは、最後です。①鍋類などの大物（他の物を洗う場所がなくなるので、鍋やフライパンが最優先）、②割れやすい物（ワイングラスや薄いグラスなどは先に洗って拭き、棚にしまうところまで済ませる）、③カトラリー（汚れを浮かせて洗うため、コップに洗剤水を張り、しばらく浸けておく。細かいアイテムなので1か所にまとめ、一気に洗う）、④お皿類（お皿の中でも、汚れが軽いものから洗う。またシンクのスペースを空けるため、できるだけ大きな皿から洗う。洗ったあと、大皿から小皿の順に重ねられる）、⑤油系の汚れ物（お湯の温度を上げ、汚れをすっきり落とす）。

効率よく洗い物を終わらせるには、
シンクを左右に分けて考える

　洗い物をする際、油汚れでギトギトのスポンジでワイングラスを洗ってしまうなどのうっかりミスをすることがあります。これを防ぐには、汚れの軽いものとひどいものをシンク中央あたりで左右にゾーン分けしておくとよいでしょう。油汚れ系の洗い物は最後に残しておき、お湯の温度を上げてすっきりしっかり洗い上げるようにします。たとえば右側をグラスや包丁など、水だけでも落とせる軽い汚れのもの、左側を炒め物に使った木べらやお弁当箱などの油汚れ系の置き場と決めたら、右側の軽い汚れのほうから手をつけること。最小限の水と洗剤で、効率よく洗うことができます。

食器を拭き上げる布巾は
1回で「3枚以上」と心得る

　食器を拭き上げているとき、ビショビショになった布巾のまま拭き続ける人は案外多いのですが、布巾は水分を含んできたらすぐに乾いたものに取り替えましょう。そのほうが効率もよく、調理器具や食器を清潔に保てます。「洗い物1回につき、布巾は1枚」という考えは捨てましょう。3人以上の家庭では、調理器具や食器、コップの水分を1枚の布巾ですべて拭き上げるのは無理というもの。食器の量にもよりますが、1回で約3枚使い、10枚をストックしておくのが目安です。布巾の素地は、毛羽のたたないマイクロファイバーのものがおすすめですが、麻（リネン）素材でもいいでしょう。

雑巾は「蛇口・コンロ・まな板」の隣にスタンバイさせる

　雑巾が3枚あれば、台所はいつでも清潔でピカピカに保てます。それぞれの雑巾を①蛇口の隣、②コンロの隣、③まな板（作業場）の隣の3か所に置き、水や油が飛んだらそれぞれの場所ですぐに拭きます。「あとでやろう」「明日、掃除しよう」と思っていると、汚れが蓄積していきちょっとやそっとでは落ちない頑固な汚れと化してしまいます。すぐに拭くという習慣が大切です。また、火まわりは油が散るので、そこを拭いた雑巾で食卓テーブルを拭くのは、油を塗り広げているようなもの。そうならないように、コンロ脇用の雑巾のみ、端に色がついたものにすると区別しやすくおすすめです。

コンロまわりは毎日熱いうちに拭き上げる

　ガスコンロは、使った直後の「熱いうち」が汚れを落とすチャンス。五徳をはずし、重曹を粉のまま振りかけ、上からお湯をかけましょう。汚れが浮き上がり、重曹がクリームクレンザーのようになって、油汚れをからめとってくれます。あとはさっと拭き取るだけで、調理前のきれいな状態に戻ります。できれば、食事前にここまでやっておくのが理想的ですが、難しければ「拭き取る手前のところ」まででも済ませておければあとがラクになります。「熱いうちに」「その都度」の繰り返しが、汚れ知らずの台所をつくるカギ。油でギトギトの五徳だって、ベタベタの壁だって、熱があるうちに雑巾をかぶせてキュキュッと拭けば、汚れはすぐに落ちます。

テーブル拭きと調理台拭きは
同じものを使う

食前食後にテーブルの汚れを拭うための布巾は、油が散りやすい火まわり（コンロ付近）用でないかぎり、調理台で使うものと共用で済ませましょう。肉汁などの強い汚れは、キッチンペーパーで大まかに拭き、その後に除菌スプレーをしてから布巾を使うことで、テーブルとの共用が可能になります。このほうが、いちいち分けるよりも手軽です。

製氷機、フードプロセッサーなど
自動機能付きの家電こそ、こまめに洗う

製氷機は「給水のたびに洗う」のがベスト。お手入れは、頻繁に使っていれば水洗いだけでもOKです。そして、最低でも週に一度は、中の製氷皿や給水タンク、パイプなど、取り外せるものは取り外して水洗いをします。浄水フィルターもマメにお掃除し、取り扱い説明書に従って取り替えをしてください。フードプロセッサーも、分解して洗う必要があります。自動製氷機もそうですが、「自動機能」が付いているものは、そうでないものよりもお手入れに倍、手間がかかることを覚えておいてください。

生ごみのにおい対策には、
コーヒーの出がらしと重曹がきく

　嫌なにおいは調理のモチベーションを一気に下げます。この、嫌なにおい対策には、まず重曹を使うという手があります。重曹は掃除だけではなく、消臭にも効果があります。ごみが入った袋にパラパラと重曹をかけるだけでにおいがしなくなります。傷んでにおいを放つ食材は酸性になっていますが、重曹はアルカリ性です。アルカリ性の重曹で中和され、生ごみのにおいが軽減されるのです。また、コーヒーの出がらしをごみ袋にパラパラと入れるのも効果的。家庭用消臭剤に使用されている活性炭以上に脱臭の効果があります。

重曹はドレッシングボトルに入れて
振りかける

　料理や掃除、生ごみのにおい防止に使える重曹ですが、買った袋から直接出し入れするより、粉末のままドレッシングの空き容器に移し替えると使いやすくなって便利です。こうしておくと、スプーンなどを使わずに片手でさーっと振りかけることができ、粉末も飛び散らず使えます。

日々の4分間の「全力掃除」で、
大掃除とさよならできる

　油汚れだけでなく、換気扇や引き出しの底、冷蔵庫の中など、台所の隅々に溜まっている汚れなどは、ある程度まとまった時間をかけて掃除をしなければなりませんが、「いつか、時間のあるときにやろう」とついつい先送りにしてしまいがちです。そこで、いますぐに手帳やカレンダーに「やる日」を書き込むことをおすすめします。また、排水パイプや引き出しの底などは、少し早く目が覚めたときや、いつもより早く夕食が終わったときなどに、「ここ」と決めたところを、キッチンタイマーをセットして4分間だけ集中して掃除しましょう。なぜ4分かというと、キリのいい5分よりも4分のほうが集中できますし、全力でいろんなところが掃除できちゃうからです。また、短時間でできる範囲と割り切ったほうが、無理なく続けられます。

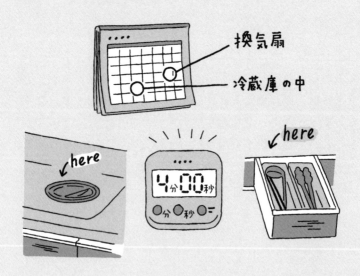

シンクやコンロの油汚れは重曹で、
シンクの仕上げはから拭きで

　シンクやコンロなどの油汚れは、重曹を溶かした水をスプレーしてスポンジで洗うと取れます。調理が終わったらスプレーしておいて、食後の片付けの際に拭き取ると効率的。五徳に汚れがこびりついてしまったら、お風呂の温度くらいのお湯に重曹を溶かし、約30分浸け込んで、使い古しの歯ブラシなどでこすります。それでも落ちない場合は、1リットルの湯に大さじ1の重曹を加えた鍋に入れて沸騰させ、2時間放置して歯ブラシやたわしでこすると汚れが落ちます。食器類が洗い終わったら、洗剤が残ったスポンジでそのままシンクを洗います。最後は、5秒でから拭きをしましょう。シンク内に水滴が残ると、白い筋になって目立ちます。

頑固な油汚れはキッチンペーパーで
"湿布"して落とす

　ギトギトのコンロ汚れには、キッチンペーパー（ペーパー）を活用しましょう。まず、ペーパーで、油を大まかに拭ってから油汚れ専用の洗剤スプレーをひと吹きします。そこにペーパーをペタッと貼って2～3分放置。その後、ペーパーで軽く拭い取るだけでスルッと落ちてくれます。換気扇の汚れもほぼ同じ。油汚れ専用の洗剤をシュッとひと吹きし、ペーパーを貼り付けて換気扇強モードにすると、ペーパーが吸い込まれて張り付きます。2～3分放置したあとに拭い取り、新たなペーパーで再度拭き取れば、ピカピカに。

換気扇のフィルターは、
食洗機にかけて洗う

　換気扇は大掃除のときに洗浄すればいいなどと考えていると、油が地層のようにこびりついて、掃除が大変になります。できれば1〜2週間に一度、揚げ物など油を思いきり使ったときなどのタイミングで、フィルターを食洗機にかけて洗うようにしましょう。調理のあとの鍋を洗う感覚で、さっと汚れを流しておけば換気扇のパワーが下がることなく、いつも気持ちのよい調理環境が整います。また、フィルターがきれいであれば、中のパーツも汚れにくくなります。油汚れはさらなる油の汚れを呼ぶので、溜めないことがいちばんです。

電子レンジの掃除は、
重曹と濡れた布巾で一発解決!

　いろいろな食材の料理に使う電子レンジの庫内は、食品の汁が飛び散ってこびりついていたりして、気がつかないうちに汚れているもの。そこで、後片付けの最後にゆるめに絞った布巾をレンジに入れて30秒ほどチンして、少し時間をおいてから、手で触れられるぐらいの熱さの布巾で庫内を拭いていきましょう。布巾を温めたときの蒸気で庫内の汚れがゆるんでいるので、サッと拭き取れます。庫内のにおいが気になるときは、ドリップ後のコーヒーかすやお茶殻、レモンやミカンの皮を耐熱皿に載せて30秒〜1分ほど加熱すると、頑固なカレーや魚のにおいも取れて爽やかな香りになります。

スポンジやたわしは
水分を蒸発させることで
雑菌の繁殖を防ぐ

　スポンジやたわしを濡れたまま放置しておくと、雑菌が繁殖しやすく不衛生です。除菌するには、泡タイプの塩素系漂白スプレーが簡単で便利。一日の終わりに軽くひと吹きして説明書き通りに放置（2〜3分）し、すすぎます。そして、最後に干します。いくら除菌しても水分が残っていれば、すぐに雑菌が繁殖するので乾燥は必須です。私は、棚の側面に布巾かけを取り付け、洗濯ばさみやS字フックでスポンジとたわしを吊るしています。

ホームパーティの準備は
紙皿・紙コップ・割り箸で仕込む

　ホームパーティ前のシンクまわりは、大混雑。飲み物の準備、料理、お皿の用意……。洗い物はなるべく減らすのが、準備を円滑に進めるコツ。「使ったら、捨てられるもの」（使い捨て食器）を活用しましょう。100円ショップの紙皿、紙コップ、お弁当についてきたプラスチックスプーンや割り箸。これでシンクは"洗い物ゼロ"に！「もったいない」と感じるかもしれませんが、ホームパーティなんて月に1回、または数か月に1回程度のことでは？　また使い捨て食器は、いただくことも多いもの。使わずにため込むほうが、もっと「もったいない」といえます。

洗う・切る・加熱するスペースを
確保すれば、台所は広く使える

ルール 1　シンクに三角コーナーを置かない

　三角コーナーは、シンクのスペースを大幅に占領します。衛生的にも、これから調理する食材に近づけたくありません。野菜くずなど大きめのごみは、シンク下に吊り下げたビニール袋などに捨てましょう。細かいごみは、排水溝のごみ受けに直接流し、食後にまとめて水を切り、先ほどのビニール袋に捨てればOKです。

ルール 2　作業台に水切りかごを置かない

　食材を切ったり混ぜたりするシンク横の作業台に大きなモノが置かれていると、それだけで作業効率がガクッと落ちます。一番の悩みは、水切りかごです。思い切って撤去しましょう。置くなら、折り畳み式の水切りかご。これなら、少なくとも食器を洗うまではあまり場所を取りません。壁面に取り付けられる網目状の金属棚もおすすめ。ようは、作業台とその上の空間が確保できればいいのです。乾いた布巾を広げ、そこに洗った食器を積み上げていくという方法もあります。

壁にフライ返しや鍋を吊らない、
「便利だから」とコンロの横に
調味料を置かない

　見た目がいいからと、コンロの横に調味料を置いたり、壁面にフライ返しや鍋を吊り下げたりするのはNG。なぜなら、ものが置いてあると掃除がしにくく、なにより不衛生だからです。調理中は油や水が飛び散るので、むき出しで置かれているものは必ず汚れます。何もなければシンクや壁面をサッと拭くだけで済みます。自分が掃除しやすい台所にするために、ものを出しておかないルールを意識しましょう。

調理途中の食材を一時的に置くための
空きスペースを確保する

　下ごしらえのボウルや、切った野菜を一時的に別の場所へ置いておくためのスペースも、キッチンに確保しておきましょう。大切なのは、一時的に何かを置くとき以外は、常に空きスペースのままにしておくことです。たとえば、食材を切る場所のそばに、組み立て式のパイプラックを設置すれば、これから火にかける食材や、盛り付け用のお皿を一時的に置く場所として便利です。

大きさが異なるものは
「ざっくり収納」がベスト

　台所に収納するものは、調理器具から保存容器、ストック食材に至るまで、大きさも形もまちまち。一時的にうまく収納できたと思っても、違う大きさや形のものが増えたり減ったりするので、きりがありません。そこでおすすめしたいのが、すべて同じ収納ボックスに関連ジャンルごとでざっくりまとめて入れてしまうという方法です。私は、ニトリで購入した、幅×奥行き×高さがそれぞれ20cmくらいの取っ手付きプラスチック製収納ボックスを愛用しています。蓋を開ければ中は雑然としていますが、外見はすっきりしていますし、詰め込みすぎなければ、このざっくり加減がかえって出し入れもしやすくストレス・ゼロです。

台所用品は「水まわり」と
「火まわり」に分ける

　台所用品は、大きく「水まわりで使うもの」と「火まわりで使うもの」の2つに分類すると、機能的ですっきりします。水まわりに収納すべきものは「洗う・むく・切る」ための道具。具体的には、スポンジや刃物類、ざる、ぞうきんや布巾、重曹、除菌・漂白剤などです。一方、火まわりに収納すべきは、厚手の鍋やフライパン、塩やこしょうなどの基本調味料、フライ返しやお玉、菜箸など。ただし、小型の鍋は、卵などの小さな食材をさっと茹でるのに使うことが多いので、水道の近くに置いてもいいでしょう。

「水まわり・火まわり」で分けた
台所用品は、さらに使用頻度別に
分類すると出し入れがスムーズ

　前項で、台所用品は「水まわりで使うもの」と「火まわり
で使うもの」に分類すると提案しました。それらをさらに細
かく分類する方法として、「使う頻度別」を取り入れてみま
しょう。たとえば、菜箸、お玉、泡立て器、マッシャーはい
ずれも同じ調理器具という種類に分けられます。使う頻度で
いえば、菜箸とお玉のほうが、泡立て器やマッシャーよりも
使用頻度が高いはずですから、別々の場所に収納しておけば
出し入れがいっそうスムーズになります。

数も種類もバラバラのカトラリーは、
ホームパーティで活躍させる

　台所収納で意外とスペースを取るのが、箸やスプーン・フ
ォークなどのカトラリー類です。ひとつひとつは小さいもの
ですが、かわいい台所用品店や旅先で素敵なものを見つけた
り、お客様用に買い足したりするうちに少しずつ増えていき、
気づけばカトラリー入れがパンパン、数もバラバラということ
とになりがち。そこで、普段使わないカトラリーは、ジッパ
ー付き保存袋に入れておき、ホームパーティなど、お客様が
来たときに使うようにしましょう。数がチグハグなカトラリ
ーだからこそ、そのときの人数に合わせてすぐに用意でき、
出番が増えて輝きます。

「いつか使うだろうグッズ」は
ストックの上限を決めておく

　ブランド品の包装紙や紙袋、高級お菓子の缶や可愛いジャムの空き瓶、ケーキ用のろうそくなどなど、「いつか使うかもしれない」からと取ってあるこれらのグッズ。これらにスペースを占拠される前に、取っておく数を決めて、それ以上増えたら思い切って捨ててしまいましょう。私は、紙袋なら大・中・小を各3枚、空き瓶なら大・中・小を各2個までと決めています。

食器の「ひとめぼれ」は当てにならない。
100均の類似品でお試ししてから
決断すべし

　家庭で使う食器類は、いつまでに揃えなければならないという期限がありません。納得のいくものが見つかるまで、じっくり考えましょう。あまり考えずに買っていたら、あとで絶対「ここがこうだったらもっとよかったのに」と後悔し、改めて別の小皿を買って最初に買った小皿が死蔵品になる……なんてことになりかねません。そのムダを最小限に抑えるのが、100円ショップです。欲しい食器がある方は、まず100円ショップで気になる大きさや形のものをワンクッションとして買って、それをしばらく使ってみてください。試し使いをしているうちに、自分の嗜好が見えてくるはずです。

おうち飲みを10倍楽しくしてくれる
ワイングラスの選び方

　適当に選んだコップでワインを飲むと、渋みが気になることがあります。ちょっと癒されたいとき、優雅な気分に浸りたいというときには、ワイングラスにこだわってみませんか。

　冷やして飲む白ワインは、香りが出にくいため小さめのグラス。常温で飲む香り豊かな赤ワインは、大きめのグラスが適しています。ただしおうち飲みの場合、「卵形のグラス」があれば赤白兼用でもよいでしょう。飲み口がすぼまっているため、ワインの香りがグラスにこもり、グラスに鼻を近づけた瞬間に香りを直接感じることができます。メーカーでいうと「リーデル」「バカラ」「ロブマイヤー」「ナハトマン」「ザルト」「シュピゲラウ」などがおすすめです。

キャンティ　モンラッシェ　ボルドー　ブルゴーニュ　フルート

超前向きに生きた35歳、
最後の最後まで
スーパーポジティブだった彼女

―― 辻 仁成（作家・パリ）

某月某日、人間というのは、不意に予期せぬ事故や病気に襲われることもある。

それがまだ若いのに、容赦なく、やってくる。

運命なので、逆らえない。

そういう時、人間というのは自分の人生とどう折り合いをつけていくのであろう。

生きているぼくら人間は誰もがいつか訪れる死を免れることが出来ないのだから、この問題は他人事ではないのだ。

テレビなどでも大活躍されていた料理研究家の高木ゑみさんが28日に35歳の若さで旅立たれたというニュース記事を読んだ。

ぼくはお会いしたことがなかったのだけれど、実は間接的にゑみさんのことは聞いていた。

「辻さんのスーパーポジティブ十か条をつねに自分に言い聞かせて頑張っている、がんを患っている友人がいます」

地球カレッジで講師をしてくださったギャラリストのファ

ビアーニ・美樹子さんが高木さんの親友で、お会いした時に、そのようなことを聞かされていた。

　でも、ぼくは高木ゑみさんのことを存じ上げていなかったので、もちろん、お顔も活動も仕事のことも知らなかった。

　ただ、自分が編んだ十か条を生きる糧にしてくださっている人がいるんだ、と思い、回復を祈っていた。

　昨日、デザインストーリーズの編集部スタッフさんから、高木さん訃報の記事を頂いた。

　この方ですよ、辻さんのスーパーポジティブ十か条を大切に持って天国に行かれた方です、と教えられ、はじめての対面となった。

　料理を生業にしている方だったのだ、と思った。

　それで、インスタグラムを覗いてみたら、人工呼吸器をつけているのに、綺麗にメイクされて、必死でファンの方に語り続ける姿が克明に記されていて、驚いた。

　どのような過酷な人生がそこにあろうとも、ゑみさんは負けずに、ずっとスーパーポジティブで生きられた。

　ぼくも小さなことでくよくよしないで、見習って前を向いて与えられた命を最大限まっとうさせていただきたい、と思った。

　高木ゑみさんとはお会いすることができなかったが、今、ぼくの心の中でその35年の人生が灯っている。ご冥福をお祈りいたします。

※本稿は辻 仁成さんのウェブマガジンDESIGN STORIES - 辻仁成の退屈日記(2021年4月5日)より転載させていただきました。

高木ゑみ

料理研究家・台所改善コンサルタント。1985年、東京都生まれ。慶應義塾大学卒業後、イギリス、オーストリア、アメリカへの留学で世界各国の料理に出会い、本格的に料理の道へ。大学在学中からさまざまなレストランで調理を学び、2009年エコール辻東京フランス・イタリア料理マスターカレッジを卒業。東京・中目黒にて料理教室「ガルシェフ料理塾」を主宰しながら、メニュー・商品開発、出張料理、企業とのタイアップなども精力的に行う。料理をはじめ台所をきれいに保つノウハウが話題となり、生徒数1000人を超える予約の取れない料理塾に成長する。2020年10月、ステージⅣの肺がんを告知される。2021年3月28日永眠。享年35。著書に『考えない台所』（サンクチュアリ出版）、『もう献立に悩まない』（マガジンハウス）、『やる気の続く台所習慣40』（扶桑社）、『はかどるごはん支度』（幻冬舎）など。

高木ゑみオフィシャルサイト：http://galchef.jp/
公式ブログ：https://ameblo.jp/laterier-de-emi/
インスタグラム：https://www.instagram.com/emi.takagi/

笑顔を忘れずに
愛をたくさん注いで
前向きに！！！
どんなときも
私はみてるよ！
応援してるよ！

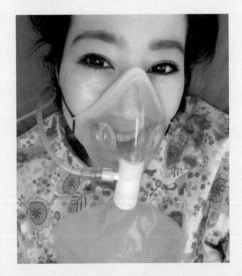

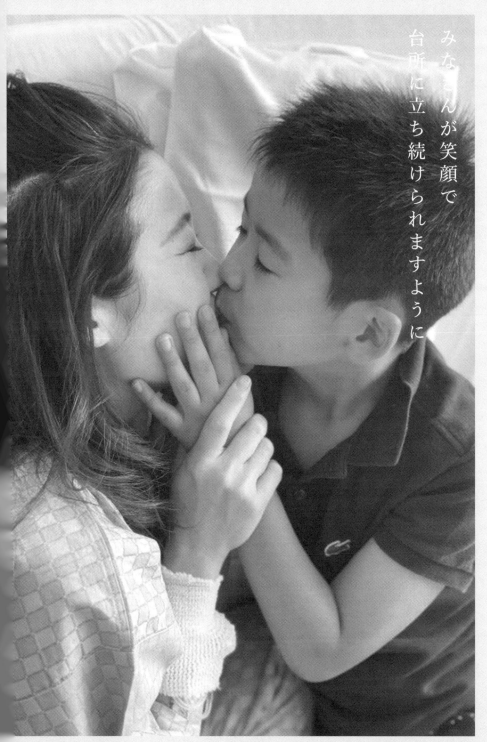

みなさんが笑顔で
台所に立ち続けられますように

こころが整う台所

人生を変える台所しごとのルール

2021年7月21日　第1刷発行

著　者　　　高木ゑみ
発行者　　　大山邦興
発行所　　　株式会社 飛鳥新社
　　　　　　〒101-0003
　　　　　　東京地千代田区一ツ橋2-4-3　光文恒産ビル
　　　　　　電話　03-3263-7770（営業）　03-3263-7773（編集）
　　　　　　http://www.asukashinsha.co.jp

ブックデザイン　TYPEFACE（渡邊民人＋谷関笑子）
イラスト　　　　徳丸ゆう
撮影　　　　　　三木麻奈
写真提供　　　　曽根川晶子
編集協力　　　　山守麻衣（オフィスこころ）
　　　　　　　　オフィスモザイク（神田賢人、伊藤明子）
　　　　　　　　KIKO
DTP　　　　　　三協美術
印刷・製本　　　中央精版印刷株式会社
編集担当　　　　池上直哉

ISBN978-4-86410-813-3